ERIKA LORENZ

CAMINHO PARA A PLENITUDE
As três vidas de Teresa D'Ávila

Tradução de Moriçá Torres

EDITORA
SANTUÁRIO

COORDENAÇÃO EDITORIAL: Elizabeth dos Santos Reis
TRADUÇÃO: Moriçá Torres
COPIDESQUE: Luciana Novaes Russi Leite da Silva
REVISÃO: Ana Lúcia de Castro Leite
PROJETO GRÁFICO: Marco Antônio Santos Reis
DIAGRAMAÇÃO: Alex Luis Siqueira Santos
CAPA: Junior dos Santos

Título original: *Weg in die Weite — Die drei Leben der Teresa von Ávila*
© Verlag Herder Freiburg im Breisgau, 2003
ISBN 3-451-28021-3

Dados Internacionais de Catalogação na Publicação (CIP)
(Câmara Brasileira do Livro, SP, Brasil)

Lorenz, Erika
    Caminho para a plenitude: as três vidas de Teresa D'Ávila / Erika Lorenz; [tradução de Moriçá Torres]. — Aparecida, SP: Editora Santuário, 2004.

Título original: Weg in die Weite. Die drei Leben der Teresa von Ávila
ISBN 85-7200-931-0

1. Mulheres místicas – Espanha – Ávila – Biografia 2. Santas cristãs – Espanha – Ávila – Biografia 3. Teresa, de Ávila, Santa, 1515-1582 I. Título. II. Título: As três vidas de Teresa D'Ávila.

04-4319   CDD-248.22092

Índices para catálogo sistemático:

1. Teresa, de Ávila, Santa: Experiência mística:
Cristianismo: Biografia 248.22092

4ª impressão

Todos os direitos reservados à **EDITORA SANTUÁRIO** — 2020

Rua Padre Claro Monteiro, 342 — 12570-000 — Aparecida-SP
Tel.: 12 3104-2000 — Televendas: 0800 016 00 04
www.editorasantuario.com.br
vendas@editorasantuario.com.br

DEUS FALA:

Alma, buscar-te-ás em Mim,
E a Mim buscar-me-ás em ti.

De tal sorte pôde o amor,
Alma, em mim te retratar,
Que nenhum sábio pintor
Soubera com tal primor
Tua imagem estampar.

Foste por amor criada,
Bonita e formosa, e assim
Em meu coração pintada,
Se te perderes, amada,
Alma, buscar-te-ás em Mim.

Porque sei que te acharás
Em meu peito retratada,
Tão ao vivo tracejada,
Que, em te olhando, folgarás
Vendo-te tão bem pintada.

E se acaso não souberes
Em que lugar me escondi,
Não busques aqui e ali,
Mas, se me encontrar quiseres,
A Mim, buscar-me-ás em ti.

Sim, porque és meu aposento,
És minha casa e morada;
E assim chamo, no momento
Em que de teu pensamento
Encontro a porta cerrada.

Busca-me em ti, não por fora...
Para me achares ali,
Chama-me, que, a qualquer hora,
A ti virei sem demora,
E a Mim buscar-me-ás em ti.

Teresa D'Ávila (P, 1334s.)

Sumário

ACORDES INICIAIS 7

FASES DA EXPERIÊNCIA MÍSTICA 9
Imersão 9
O espinhoso caminho para a oração 10
Visão e meditação 21
Felicidade e dúvidas 29
O julgamento 33

Transformação 38
Venha a nós o vosso reino 38
Teologia prática 46
Entre o céu e a terra 54

Compreensão 65
Luz do centro 66
Fogo tríplice 77
A sós com Deus 82

OBRAS REGIDAS PELAS MÃOS DE DEUS 91
O que Teresa não revelou 91
O que Teresa podia e queria 105
O que Teresa escreveu e vivenciou 120

APÊNDICE 139
Notas com indicação das fontes 139
Teresa D'Ávila —Vida e Obra — Breve cronologia 151
Os Mosteiros fundados por Teresa D'Ávila 156
Outras obras de Erika Lorenz sobre a mística
   e os místicos na Espanha 158

ACORDES INICIAIS

*T*eresa D'Ávila desperta nosso interesse hoje em dia não tanto como reformadora de uma ordem religiosa, porém mais como doutora da Igreja que vivenciou experiências místicas. Seus escritos pertencem também à história da Literatura. A expressão de suas vivências interiores se traduz em uma linguagem de um talento milenar.

Sua literatura, no entanto, é muitas vezes mal interpretada, pois sua gloriosa autobiografia, a primeira no ocidente a possuir valor literário desde Santo Agostinho, é sempre compreendida como se contivesse as diretrizes da autêntica vida de um santo.

Se observarmos datas e fatos, essa obra surgiu como justificativa junto a seus confessores para suas primeiras "experiências místicas" entre 1555 e 1560. No início ela reclama da dificuldade de encontrar palavras para descrever sua experiência. Por fim, em 1562, durante tranquilas semanas em casa de uma amiga viúva, a produção escrita tomou impulso! Teresa pôde ainda acrescentar e narrar os relatos sobre a primeira fundação de um mosteiro, sobre as experiências interiores feitas no silêncio do novo convento: assim termina essa obra intitulada "Vida". A versão original, escrita entre 1562/63, com a idade de 48 anos, foi revisada novamente, pela última vez, em 1565.

Poderia parecer o relato de uma vida inteira, não houvesse o talento de Teresa se revelado tardiamente. Sua atividade como madre Teresa, viajante incansável planejando e organizando a fundação de mosteiros, começou pela conclusão de sua autobiografia, e com isso suas novas e revolucionárias instruções sobre a oração contemplativa pessoal. Escreveu-as em três momentos, cada uma em um novo período da vida e da experiência interior. Primeiro na "autobiografia", depois, de forma sempre mais minuciosa, diferenciada e distanciada de si própria, em "Caminho de perfeição" e em "Castelo interior". Esses três livros compõem a estrutura das obras seguintes.

Se identificarmos Teresa D'Ávila somente com sua autobiografia, seremos injustos com ela, pois tomaremos conhecimento apenas de suas dificuldades iniciais e tenderemos a uma avaliação unilateral. Para mim importa a Teresa em toda a sua plenitude, o conhecimento de que em cada uma dessas três obras revela-se um novo e autêntico desenvolvimento de uma personalidade cristã. Na juventude, na idade madura e na velhice de Teresa, com suas transformações, podemos descobrir sua essência permanente, que brilha cada vez mais radiante ao longo de sua evolução espiritual.

A palavra "experiência" perpassa seus escritos como um fio condutor, o que faz de Teresa uma pessoa da modernidade. Segundo ela mesma diz: "Não direi coisa que não tenha experimentado" (V 18,8). Refere-se aqui a Ibáñez, seu confessor dominicano: o que para ele significava a erudição, para ela correspondia à experiência interior. Esta última não era, para Teresa, somente algo subjetivo, mas uma dádiva substancial de Deus a todos os cristãos. Com isso estabeleceu, pois, a transformação pela ação de Deus como base para uma vida fértil de dedicação ao próximo na plenitude do tempo e da eternidade.

O pano de fundo de sua vida prática encontra-se acessível no título "Obras regidas pelas mãos de Deus", uma biografia retirada da minha edição ilustrada sobre Teresa, do ano de 1994, com poucas reduções. E, como visão panorâmica, foi acrescentada no final uma breve cronologia.

Hamburgo, outubro de 2002
Erika Lorenz

FASES DA EXPERIÊNCIA MÍSTICA

IMERSÃO

O surpreendente nesta doutora eclesiástica da mística é o longo tempo de que precisou para se acostumar a orar em recolhimento. Escrevia: "Não sabendo como proceder na oração, nem como me recolher" (V 4,7). A causa disso não se encontrava tanto na imperfeição do "Convento da Encarnação"[1] das Carmelitas em Ávila, local por ela escolhido para ingressar em 1535, porém muito mais nas pretensões íntimas de Teresa. Mesmo suas coirmãs não sabiam lidar com essa imperfeição, contudo não se voltavam contra aquela situação. Tratava-se de um convento grande, relativamente luxuoso, sem clausura fixa, onde reinavam a boa vontade e muita inquietação. Teresa nele viveu, aparentemente satisfeita, por 18 anos. Como ela mesma declarou, o motivo de sua entrada para o convento não foi o amor a Deus, mas as angústias mortais, motivadas pelo medo de um casamento forçado, sem amor, e de uma vida sem atividade espiritual e intelectual, o que não coadunaria com sua natureza.

Entretanto, ela logo percebeu que não encontrara no convento o que procurava. Analisando a situação, podemos ligar sua atitude aos surtos de enfermidade que a acometeram entre os anos de 1538-1542, causados por bactérias da brucelose. Em 1538, seu pai foi com ela a Becedas para consultar uma "curandeira", a qual só causou mais danos à saúde de Teresa. No caminho foram também a Hortigosa, cidade perto de Ávila, em visita a Pedro, tio de Teresa, um judeu convertido como o pai. Pedro era ascético e erudito, mais tarde entrou para a Ordem de São Jerônimo, a única ordem espanhola que aceitava os convertidos, antes da reforma promovida por Teresa. Ela própria teve de se calar com frequência no Mosteiro da Encarnação sobre sua origem.

O espinhoso caminho para a oração

Seu tio Pedro interessava-se pelas correntes contemplativas da época. Principalmente entre os convertidos, essas correntes desempenhavam um papel importante, pois os "conversos" (nem sempre judeus convertidos voluntariamente), também denominados "marranos" (porcos), procuravam, infelizmente, em sua alheação, uma interiorização religiosa satisfatória. Como presente de despedida, Teresa — uma apaixonada por leitura — recebeu de Pedro um livro que a havia fascinado durante aquela visita, o qual teria papel marcante em toda a sua vida futura.

Tratava-se do "Terceiro Abecedário Espiritual", de Francisco de Osuna, um franciscano que com essa obra publicou um *best--seller* do século XVI[2]. O título enfadonho anuncia que o autor já escrevera outros livros, porém sempre com temáticas religiosas, em que os sumários seguiam o modismo de apresentar os títulos das obras em verso e ordenados alfabeticamente — o que nem sempre era benéfico para a estrutura do livro.

Mas, nesse caso, a forma de apresentação da obra não era

relevante. Teresa havia encontrado a "revelação", a qual sempre buscou de forma consciente ou inconsciente, ou seja, instruções concretas para a oração contemplativa, entendida como sendo uma experiência mística e silenciosa. Como diríamos hoje, uma meditação supraobjetiva, na qual não somente palavras, mas também pensamentos, abrem caminho para um estado silencioso, em que Deus pode-se revelar.

O autor Osuna tomou como ponto de partida a tradição da teologia mística, trazida para o ocidente por Dionísio Areopagita (600 aprox.). Osuna, de quem desconhecemos o verdadeiro nome, pois autodenominou-se conforme sua localidade andaluza de origem, vê na teologia mística uma espécie de ciência oculta, que ele apresenta em primeira mão. Todos devem aprender a oração mística, até "leigos incultos e mulheres". Ela deve ser igualmente acessível a casais, pois "o matrimônio sagrado é também uma ordem, não fundada por Domingos, Francisco ou Pedro, mas pelo próprio Deus"[3].

Segundo Osuna, há dois tipos de teologia, a teórica e a oculta ou mística. A última não alcança seu objetivo por meio da reflexão ou argumentação, mas pelo amor fervoroso e abnegado e pelo exercício das virtudes espirituais. Assim, esse "caminho do não conhecimento" pode ser trilhado, apesar de tudo, porque Deus assume a direção e, de tempos em tempos, ilumina a escuridão.

O não conhecimento é uma outra expressão para a "teologia negativa", a qual serve de base à teologia mística, que reconhece Deus como segredo inconcebível e o preserva de limitações descabidas, conservando-o da maneira como nasce do irreprimível desejo humano de saber.

São Dionísio apresentou sua "teologia mística" a um amigo com as seguintes palavras: "Olha, meu amigo Timóteo, se quiseres te ocupar de forma fervorosa com a intuição mística, deixa, então, a observação e as forças intelectuais de lado, abandona absolutamente tudo que pode ser percebido e pensado e tudo que existe e não existe. E rompe com tudo que, de maneira indistinta, conduza à unidade com algo que seja mais que o ser e o conhecimento"[4].

Dessa sabedoria surgiram as obras de um João da Cruz, de um Francisco de Osuna, de uma Teresa D'Ávila. Ela não se encontra muito distante da sabedoria oriental. O ser religioso sempre procura uma experiência mística que transcenda a todas as experiências, esteja ela no hesicasmo do cristianismo--ortodoxo dos Padres da Igreja, ou no sufismo místico xiita, ou ainda, como testemunho mais antigo, nos ensinamentos védicos dos Upanixades:

"Mais alto que os sentidos está o pensamento,
mais alta que o pensamento está a realidade,
além da realidade se encontra o grande Átmã,
mais alto que o mais sublime está o supremo
da não criação"[5].

Trata-se de um bem humano fundamental. Dionísio Areopagita interpretou desse modo a vocação de Moisés no livro do Êxodo: "E então Moisés libertou-se dos atos de ver e de ser visto e penetrou na verdadeira treva mística do não conhecimento. Ali deposita solenemente toda a compreensão cognitiva e atinge o completamente intocável e invisível, o que está muito além de tudo. Aí, todo o conhecimento — seja ele sobre si mesmo ou sobre qualquer outra coisa — é substituído pelo não conhecimento pleno. Unido ao mais sublime pelo não conhecimento, compreende tudo de um modo que ultrapassa todo tipo de conhecimento. Onde cessam a visão e a compreensão, lá tem início a presença de Deus"[6].

Francisco de Osuna, o mestre de Teresa D'Ávila, que a ensinou por meio de sua obra, transforma o não conhecimento em um não pensamento, "*o pensar o nada*". Era um lugar-comum de sua época, de que necessitavam principalmente os "alumbrados". Esses espanhóis inspirados ou iluminados, dentre os quais havia vários judeus convertidos, consideravam-se destinados à inspiração, pois — como mais tarde fizeram os quietistas — suspenderam as atividades movidas por iniciativa própria, imaginando-se, assim, completamente entregues a Deus, ao que ele podia operar neles. Porém, como em todo movimento religioso popular, havia o perigo do comodismo, da indiferença em vez da serenidade, e da serenidade em vez da devoção. Sim, cometia-se até o exagero de pensar que era possível viver em pecado, pois Deus daria um jeito em tudo.

Esse movimento foi considerado também um cripto-judaísmo, não somente devido aos convertidos, mas também porque para eles os sacramentos eram supérfluos, levando, com isso, a Igreja a desaparecer da consciência. Com o tempo, passou-se a fazer a distinção entre os bons "alumbrados", os "recolhidos" (abnegados)[7], e os maus, os "dejados" (indiferentes). Era perigoso ser acusado de "alumbrado". Isso ocorreu com Inácio de Loyola, e também Teresa teve de se defender. Escritos de Osuna foram arrolados no Índex, mas não o "Terceiro Abecedário Espiritual". O fato residia no papel desempenhado pelo amor de Deus e de Cristo, juntamente com a fé. O próprio mestre de Teresa disse sobre o assunto o essencial:

"Os experientes sabem que faz diferença se alguém se esforça em obter conhecimento ou se ele ama. E mesmo que não possamos amar o que não conseguimos entender, é suficiente que encontremos Deus, através dos anos, na fé, para estarmos bem convencidos de que Ele, por si só, é digno de ser amado. Por isso recolhemo-nos a nossos corações, nos quais podemos sentir Sua presença e amá-Lo em contemplação. Na presença de um amigo, tampouco pensamos no quanto o amamos. Esse pensamento só nos acomete depois. Assim que a razão para de fazer esforços, põem-se em evidência, com grande poder, a vontade e o sentimento, que geram o amor. Quando aquele que profere uma prece imagina-se por inteiro na presença de Deus, não terá necessidade de procurar por motivos para amá-Lo, pois Ele próprio é amor. Podes ver, portanto, que este não-pensar significa mais do que aparenta, e que no fundo não se pode explicá--lo, pois também Deus, a quem ele se refere, é inexplicável. Diria até que esse não-pensar é um em-tudo-pensar, pois pensamos sem um fluxo do pensamento nAquele que é tudo pela sua admirável magnificência.

E mesmo o mínimo efeito desse não-pensar dos contemplativos é uma deferência ao mesmo tempo simples e refinada a Deus. (...) Finalmente, esse não-pensar, por mais despretensioso que pareça, é também um colocar-se-à--disposição-de-Deus da parte do homem, que se solta e se liberta, a fim de voar com seu coração para Deus, que o quer inteiro e indiviso"[8].

Essas palavras atingiram em cheio o coração de Teresa D'Ávila! Ela, que por natureza, era voltada tanto para Deus quanto para os homens. Mesmo que o pensamento "Deus" muitas vezes lhe parecesse um tanto nebuloso, ou até despertasse um temor, cultivava cada vez mais uma amizade íntima e natural com Jesus Cristo. Na oração e na meditação, ele era o amigo que a amava, que vivia próxima a ela, com quem podia falar sobre tudo. Além disso, habitava em sua essência um talento muito especial para a amizade.

Essa ligação basilar foi sempre perturbada pelos costumes do Mosteiro da Encarnação. Ali se adotava o método do "Exercitatorio", do beneditino García de Cisneros, a primeira escola de oração do ano de 1500, sistematizada em excesso. Segundo o método, exigia-se uma oração meditativa seguindo o esquema semanal: "às segundas-feiras, o pecado; às terças-feiras, a morte; às quartas-feiras, o inferno; às quintas-feiras, o juízo; às sextas-feiras, a Paixão de Cristo; aos sábados, Nossa Senhora; aos domingos, a glória da vida eterna". Após o descanso de fim-de-semana, iniciava-se tudo novamente: "às segundas-feiras, o pecado; às terças-feiras, a morte..."[9].

Diante de tanta opressão, era maravilhoso que Teresa, seguindo as instruções de contemplação de Osuna, não tivesse de pensar em mais nada, ou melhor, isto nem lhe era permitido! Pois todas essas instruções tinham sua origem na concepção de Deus da teologia negativa do Pseudo-Dionísio: "No simples não reconhecimento do que Ele *é*, pode-se reconhecer que Ele *existe*"[10].

Isso significava plenitude, significava liberdade. Teresa estava tão contente com o livro de Osuna, que queria segui-lo ao máximo; transformou-o em mestre, já que lhe faltava um guia (cf. V 4,7ss.). Ela experimenta interiormente algo de novo, o que descreve mais tarde a seus confessores:

"Quando em oração ocorre-me só raramente conseguir pensar com raciocínio lógico e discursivo, pois a alma se concentra totalmente no interior e permanece imersa nessa tranquilidade, de modo que não faz mais uso de seus sentidos e faculdades. Somente a audição ainda lhe é possível, entretanto, já não entende mais nada por meio desta" (R 1,1 — provavelmente de 1560).

Imersão — é uma experiência totalmente nova e fascinante. Falando francamente, pode até viciar. A vontade que se tem, como experimenta Teresa, é de simplesmente permanecer nela por um longo tempo:

"Tal quietude e recolhimento é coisa que a alma muito sente, pela satisfação e paz que nela se derrama, com grande contentamento e sossego das faculdades e suavíssimo deleite. Como nunca foi além, parece-lhe que nada mais resta a fazer, e de bom grado diria com São Pedro (Mt 17,4) que sua morada fosse sempre ali. Não se atreve a se mexer nem se agitar, com temor de que lhe escape das mãos aquele bem. Por vezes, nem quisera respirar. A pobrezinha não percebe que, se de sua parte não teve capacidade para trazer a si aquele bem, menos possibilidade terá para o conservar além do que aprouver o Senhor" (V 15,1).

A experiência transmite, portanto, a impressão de algo sobrenatural, se às três faculdades humanas comuns, ou seja, o despertar, o sono e o sonho, acrescentar-se uma quarta. Um despertar calmo que outras religiões conhecem como estado de consciência. Denomina-se também *samahdi, sanmai, satori*, consciência cósmica ou algo semelhante.

Nessa consciência incomum, que o psicólogo Carl Albrecht chama em suas obras sobre psicologia mística de "estado de consciência na meditação", não há espaço para percepções de natureza cotidiana[11] — como, por exemplo, visões ou audições. Isso ocorrerá mais tarde com Teresa, em alto grau. Não significa que com Osuna ou com a teologia mística tenha-se atingido um vazio absoluto. Esse estado de vazio da percepção, do pensamento e da imaginação é a condição prévia para uma realidade supraconsciente ou inconsciente, em resumo: provindo de uma consciência exterior da realidade algo possa ou talvez até mesmo seja obrigado a penetrar na consciência interna. Pelo menos é como explica Albrecht: se a consciência meditativa foi produzida na imersão, "vemos aí a existência de uma função da visão interior, na qual há uma relação necessária entre os elementos que funcionam de modo articulado dentro dessa totalidade"[12]. Ou seja, nessa visão interior algo que aparece irreconhecível em sua totalidade, pela qualidade da vivência de quem o experimenta, torna-se algo "muito amplo". Nada tem a ver com projeções ilusórias no mundo exterior e no estado de meditação — cuja hiperclareza Albrecht ressalta — será sentida de maneira indescritível como se estivesse relacionada com todos os conteúdos passados, presentes e futuros de vivência[13].

Essa psicologia atual será confirmada com o testemunho de Teresa, profundamente comovida com sua vivência. Não é de se admirar que diante de sua experiência pouco comum se questionasse sempre: quem está presente agora, Deus ou o diabo? Com essa pergunta, a vida de Teresa foi tão dificultada, que ela por fim conseguiu salvar-se nos relatos escritos dos quais origina sua autobiografia.

No início, entretanto, a jovem carmelita se depara com uma dificuldade, que logo se revelou pior que "às segundas-feiras, o pecado; às terças-feiras, a morte": a ligação com Cristo, tão decisiva para sua vida e existência, estava ameaçada, ou mais precisamente: a humanidade de Cristo parece opor-se à necessidade de se desligar dos pensamentos e das imagens interiores conscientes. Os representantes do "não-pensamento" não consideram isso negativo, se a imersão contemplativa for de curta duração, no máximo de meia hora. Com isso, a divindade de Cristo continua presente, mesmo que dê a impressão de não estar mais presente. Osuna expressa o fato de modo mais consolador. Remete-se à mãe de Deus que, por meio de seu Filho, nunca se desviou de sua dedicação a Deus[14]. E nos recorda a escada de Agostinho, que seguindo uma gradação nos conduz do conhecimento das criaturas até o conhecimento de Deus, sendo, portanto, uma escada para o céu. Porém, apenas para aquele que está disposto a escalá-la.

Teresa, diante das novas dificuldades da oração adoece novamente, vê tudo de modo diferente, mais radical, pois aqui seu amor sente-se ameaçado:

"Torno ao que ia dizendo sobre o quanto me atormentavam os pensamentos. O modo de orar sem fazer raciocínios tem isto de particular: a alma, ou tira muito proveito, ou anda perdida; digo perdida em distrações. Se aproveita, é grande lucro, porque é progredir no amor. Mas para chegar a tal ponto muito lhe custa, salvo se o Senhor se dignar elevar a alma, dentro de muito pouco tempo, à oração de quietude"[15].

Alcança o conhecimento de que somente Deus pode-nos retirar a presentificação de Jesus Cristo em pessoa, pois voluntariamente não poderíamos renunciar a ela (cf.V 22,9).

O conflito tornou-se tão grande para Teresa, que ela quase desistiu da oração interior. Isso durou mais de um ano, e ela desculpou o acontecido com "humildade". Até que fatos externos trouxeram-na de volta ao caminho certo. Primeiro, o luto pela morte de seu amado pai, depois um novo e eficiente confessor, o dominicano *Vicente Barrón*. Com um ritmo regular e moderado de confissões e comunhão sagrada, o relacionamento com Cristo, que havia sido perturbado, reconstitui-se. Mais que isso: agora o solo estava preparado para a grande ruptura, da qual nasceu a santa Teresa D'Ávila, como nós a conhecemos.

Foi onze anos depois da morte do pai, na Semana Santa de 1554. Teresa tem agora 39 anos:

"Minha alma já andava cansada, e embora quisesse, os maus costumes não a deixavam sossegar. Aconteceu-me um dia num oratório, ver certa imagem trazida e guardada ali para uma festa que se ia celebrar no mosteiro. Representava Cristo muito chagado. Inspirava tanta devoção que, só de vê-lo em tal estado, fiquei muito perturbada. Mostrava ao vivo o que passara por nós. Foi tal o sentimento de ser tão mal agradecida para com aquelas chagas, que se me partia o coração. Lancei-me a seus pés, derramando muitas lágrimas e suplicando-lhe que me fortalecesse para nunca mais o ofender".

É esse o episódio que se costuma designar como a "conversão" de santa Teresa D'Ávila, como ela própria o denominou (V 9,1-3). Remete-se aqui às conversões de Madalena e Agostinho. A partir desse momento, sentiu como tudo iria evoluir positivamente para ela e classificou o encontro, evidentemente real, como visão, devido ao que lhe ocorreu interiormente.

Um dos elementos que contribuem para o progresso de Teresa é uma segurança crescente na oração. No início, meditava e orava simplesmente partindo de sua relação com Jesus Cristo, até que a já citada sistemática de seu ex-conselheiro espiritual não mais lhe serviu. Tratava-se, agora, da eliminação de pensamento discursivo, segundo os ensinamentos de Osuna. Ao contrário de nós hoje em dia, Teresa desconhece qualquer método "oriental" como ajuda, portanto, tem de encontrar sozinha seu próprio caminho. Para se chegar ao recolhimento interior, recomenda, por um lado, a leitura de um texto espiritual. Por outro lado, considera de grande auxílio que se olhe a natureza, a criação de Deus: enumera os campos, a água, as flores, elementos que a ajudaram a se concentrar, ou seja, na expressão corrente da época, a relaxar para alcançar a imersão, na qual nada mais se vê do mundo externo, silenciando ao máximo e paulatinamente a atividade interna do pensamento e da imaginação orientados para Deus. Seu "recolhimento" é, portanto, o contrário da concentração, um processo fluente na imersão, no qual o ser psíquico-espiritual se vivencia cada vez mais como unidade clara e consciente[16].

Não é um caminho fácil, pois se perde a possibilidade da contemplação meditativa ou "meditação" até agora exercitada. De outra feita, se essa nova modalidade de oração tiver sucesso, o ganho será inestimável: a santidade cresce na capacidade de amar: o amor de Deus e o amor dos homens estabelecem uma conexão. Deus tornou esse caminho fácil somente para poucos. Teresa não se considerava um deles. Reconhece principalmente — e ninguém suporia isso dela — sua dificuldade em imaginar coisas interiormente. Pensava que não sabia lidar com sua imaginação, como as outras pessoas (cf. V 9,6).

Estamos acostumados a salientar a aptidão eidética de Teresa. Ela própria vê a situação de modo diverso. É verdade que sempre conseguiu imaginar Cristo como um ser humano. Mas o que significa aqui imaginar? Não via nada, sentia sua presença muito próxima, mas apenas de certo modo. Como um cego, explica, ou alguém que fala com outra pessoa no escuro. Por isso, fica feliz quando lhe mostram bons retratos, por isso se aflige com todos os iconoclastas de sua época. Da sua exposição, pode-se concluir como solucionou o conflito entre "não pensamento, não imaginação" e a humanidade de Cristo, irrenunciável para Teresa. Depois que se libertou ao máximo do pensamento e da vontade subjetivos — seja por meio de um texto curto, seja por uma imagem da natureza — leva consigo, na imersão em que mergulha lentamente, a consciência da inconcebível presença de Jesus Cristo. Assim, resolve o conflito entre as duas modalidades de oração.

Isso não significa uma separação de Osuna, pois também este recomenda que se invoque diretamente o amor na doação contemplativa[17]. Porque, no amor, o ser humano se transcende e seu coração o leva até onde seu amor se encontra. Deus é igualmente atraído por seu amor onipotente[18], complementa esse incomparável mestre em seu famoso livro.

Visão e Meditação

Como na conversão de Agostinho, é no jardim, no jardim da alma, que Teresa procura demonstrar sua primeira doutrina coerente da oração contemplativa. O jardim, que deve ser cuidado e regado, para que o Senhor nele permaneça com prazer por longo tempo. Uma citação de Isaías sustenta essa comparação: "O Senhor te guiará constantemente; alimentar-te-á no árido deserto, renovará teu vigor. Serás como um jardim bem irrigado, como uma fonte de águas inesgotáveis" (Is 58,11).

Se a carmelita também sabia que "carmelo" significa pomar em hebraico? Talvez lhe tenha dito um de seus eruditos confessores. Entretanto, não se encontra uma referência explícita sobre isso em sua obra.

No jardim como imagem da alma, a irrigação mostra os graus ou degraus da contemplação, desde a primeira tentativa de recolhimento até a entrada silenciosa no amor de Deus. Grande abundância de água significa grande abundância de graça, na qual diminui a atividade humana independente e aumenta a atuação divina. No meio, entre o esforço e a graça, está a *oração mental* como verdadeira estação de baldeação ou estágio da atividade independente para a ação de Deus. Por isso é dedicada tanta atenção à oração mental em todos os métodos de oração de Teresa, inclusive nos dois últimos. Dentre as formas de irrigação, ela ocupa o segundo lugar: já não é mais preciso tirar água da fonte apenas pelo esforço das próprias faculdades. Ao poupar-se um pouco deste trabalho, ele efetivamente se realizará.

Teresa ressalta que fala por experiência. Senão, nada diria (cf. V 18,8). Na oração mental experimenta as diversas ações das forças de sua alma que, segundo a psicologia da época, baseada na filosofia de Agostinho, denominavam-se raciocínio, vontade e memória. No entanto, essas faculdades intelectuais possuíam maior abrangência que no uso atual da língua. Tudo depende da vontade, a qual abarca principalmente o amor. Por esse motivo está mais próxima de Deus e ocupa o primeiro lugar no "silêncio" tranquilo, na abertura que renuncia à iniciativa própria, em que Deus pode agir. Raciocínio e memória, porém, vibram ao redor, e o raciocínio se iguala, em especial, a um louco em sua inquietação e seus gestos. A vontade, em sua serena imersão, não lhe deve dar crédito.

"A vontade faça despertar algumas considerações para avivar este amor. Vendo-se tão melhorada, produz afetos amorosos, propondo fazer tudo por aquele a quem tanto deve. Isto, como já disse, sem admitir ruído do intelecto, muito amigo de andar à cata de grandes raciocínios" (V 15,7).

No incansável exercício da experiência contemplativa, a imersão torna-se mais profunda; raciocínio e memória adaptam--se cada vez mais à vontade, embora isso nem sempre aconteça. Do processo de imersão surge a consciência meditativa.

E então, como Albrecht denomina, revela-se a "acolhida": Teresa experimenta suas primeiras grandes visões, todas em torno de Jesus Cristo e manifestando uma ligação íntima e inaudita com ele. As coirmãs e os confessores consideraram igualmente, por muitas vezes, essa relação "inaudita", o que deu origem a uma insegurança preocupante, gerando a dúvida se seria Deus ou o diabo que estariam operando sua obra em Teresa, como costumava-se pensar de tantos alumbrados.

Em seus primeiros relatos, Teresa faz uma clara distinção entre as imagens internas criadas por ela e o sentimento de uma presença de Cristo enviada por Deus, sem representação figurativa, da qual, eventualmente, ouve palavras de orientação (cf. V cap. 9; cap. 10.1; cap. 25-29). Seus confessores não querem acreditar. Supõem que o diabo se encontra por trás de tudo isso e que ele lhe ordena que faça o contrário do que sua voz interior diz. Um verdadeiro conflito de dilacerar o coração! Sim, recomendaram até que, quando tivesse também visões em que uma imagem lhe fosse representada, deveria, se Cristo aparecesse, fazer o sinal da cruz, recepcioná-lo com um gesto obsceno de desdém e cuspir[19]. É claro que ela não pôde fazer isso. E certo dia aconteceu a deliciosa situação, em que seu confessor, depois de uma conversa com ela, também teve uma visão, de cuja autenticidade ele, tão cético, estava agora de tal forma convencido, que encontrou ajuda em sua confessada, possuidora de um sorriso suave e benevolente[20]!

A primeira verdadeira visão de Teresa foi sem imagem, puramente "intelectual", como foi chamada. Ela acentuou que, tanto no mundo exterior quanto no interior, nada via, no entanto sabia claramente que estava na presença de Cristo (cf. V 27,2). Assustou-se tanto no início que chorou. Mas Cristo permaneceu ao seu lado, sereno e invisível. Mesmo relatando várias vivências semelhantes, os confessores tornaram-se cada vez mais céticos. Entretanto, dessa experiência, retirou a famosa definição da oração mental:

"A meu ver, a oração não é outra coisa senão tratar intimamente com aquele que nos ama, e estar muitas vezes conversando a sós com ele" (V 8,5).

E finalmente surgem as primeiras visões de Cristo, que no início, como num filme, aparecem em cortes:

"Estando um dia em oração, quis o Senhor mostrar-me só as mãos, de tanta formosura, que me seria impossível descrevê-las. Causou-me grande temor, pois qualquer nova graça sobrenatural que o Senhor me concede, no princípio muito me assusta. Daí a poucos dias vi também aquele divino rosto, que de todo me deixou absorta, ao que me parece. Não podia compreender por que o Senhor se mostrava assim pouco a pouco, pois mais tarde me haveria de fazer a graça de o contemplar inteiro. Compreendi depois que Sua

Majestade ia me conduzindo conforme a minha fraqueza natural" (V 28,1).

A visão continuou nos dias seguintes. Teresa avistou a pessoa inteira de Jesus Cristo em toda a sua indescritível beleza. O que mais a impressionou foi a luz de sua aparição. Essa luz inimaginável significa que não poderia ser uma visão criada por ela:

"Esta visão, ainda que imaginária, nunca a percebi com os olhos corporais, nem tampouco alguma outra, senão com os olhos da alma. Mesmo que eu passasse muitos anos estudando o modo de representar coisa tão formosa, não teria capacidade nem ciência para tanto. Só na brancura e resplendor excede tudo que se possa imaginar na terra".

Teresa utiliza-se de muitas comparações para demonstrar que essa luz resplandecente, no entanto, não ofusca. Ela é tão diferente da luz terrena como a luz do sol comparada a uma vela acesa, em resumo, uma luz que não se pode imaginar, mas que não é muito diferente de um "resplendor infuso", quando Deus a concede (cf. V 28,1-5).

As comparações mostram certa familiaridade com a doutrina de visões de sua época. Mais tarde, o mais jovem filho na Ordem de Teresa — e, por fim, provincial —, o padre *Jerónimo Gracián de la Madre de Dios*, irá resumir o grau de valores dos tipos de visão. Elas vão do material mais rudimentar às de maior refinamento espiritual. Ou seja, no nível mais inferior encontram-se as visões que parecem mostrar-se aos olhos carnais. Seguem-se as imagens internas, que vão tornando-se cada vez mais imateriais. Finalmente, resta só a experiência de uma presença ou proximidade numinosa. Ouve-se uma conversa interior cheia de estímulo intelectual, ou dizendo melhor e de forma mais elevada: um conhecimento sobrenatural é transmitido, o qual a própria compreensão jamais teria alcançado[21]. Com muita frequência, as visões de Teresa são dos dois tipos: a consciência de uma presença inefável de Deus e uma representação plástica interior, que se distingue da visão externa grosseira.

Os tipos de oração e visão estão interligados. Isto é, não somente a devoção pessoal, mas também a profundidade do comprometimento e da imersão tem aqui papel decisivo. Segundo Albrecht, para esses encontros internos é importante a sintonia fundamental do silêncio. Ao mesmo tempo, trata-se de um acontecimento que somente pode ser captado e interpretado na fé. O motivo principal é o conhecimento da presença do absoluto — para Teresa, então, Deus ou Jesus Cristo, que ela apenas raramente distingue com clareza.

Para os psicólogos atuais, a luz mística possui, segundo a experiência de Teresa, uma alta liberdade ilusória, um fenômeno que mal se pode comparar a uma outra experiência em termos de segurança. Nisso baseia-se a concepção, ainda hoje válida, de que a luz é "a mais autêntica manifestação do Absoluto"[22].

Contudo, a experiência mística permanece como uma ratificação da fé, da qual o aspecto subjetivo não pode ser desvinculado. Na época de Teresa via-se a autenticidade comprovada pela "ação". Ações, de acordo com Albrecht, são transformações inesperadas da vivência sensível ou surpreendentes novas orientações nas atitudes. Direção a que se inclinam a vontade, a postura[23], a conversão precisamente, a transformação na esfera subjetiva. Sua tônica não se encontra na objetividade. Ela necessita de uma atitude preliminar, da qual João da Cruz fará um pressuposto de sua instrução contemplativa, como um guia da alma. Desses pressupostos, pode-se vivenciar, então, o afluxo do Absoluto.

Um hindu experimenta algo assim como o puro ser, que é para ele de máximo valor, um budista experimenta o mesmo ou o inqualificável nada, as religiões monoteístas falariam de Deus, para a cristocêntrica Teresa há, de maneira simultânea ou alternada, Jesus Cristo ou o Deus com o qual se simpatiza, de qualquer maneira trata-se de um Ser pessoal, o Ser essencial e verdadeiro! E a qualidade do acolhimento é o amor experimentado na "vontade". Ele aumentará com outros encontros, crescerá para além das dimensões naturais estabelecidas.

Por causa de sua ligação com o desenvolvimento subjetivo da vida e da personalidade, esses fenômenos não são compreensíveis para outros. O que se tornou verdade inabalável para aquele que viveu a experiência, permanece fato suspeito para o que se encontra de fora, devido a seu aspecto extraordinário. O que, porém, finalmente se aceita são as transformações oriundas das ações, que significam sempre uma dedicação a uma missão e ao próximo.

A dificuldade de compreensão do fenômeno visionário puro demonstra-se numa visão experimentada diversas vezes por Teresa e à qual atribuía muito valor. Ela ficou conhecida pela posteridade por meio de uma estátua de mármore de Bernini em Santa Maria della Vitoria em Roma. Seu estilo é admirado ou ironizado pela sua expressão erótica involuntária. É a visão da perfuração do coração, que a santa vivenciou em várias ocasiões e descreveu três vezes:

Com os olhos de seu interior, viu um anjo com o semblante iluminado. Devido a seu brilho, devia originar-se de uma alta hierarquia, Teresa o chamou de "querubín"; Báñez corrigiu mais tarde: "serafín". Esse anjo trazia na mão uma seta longa e dourada, com uma ponta chamejante.

"Parecia algumas vezes metê-lo pelo meu coração adentro, de modo que chegava às entranhas. Ao tirá-lo tinha eu a impressão de que as levava consigo, deixando-me toda abrasada em grande amor de Deus. Era tão intensa a dor, que me fazia dar os gemidos de que falei. Essa dor imensa produz tão excessiva suavidade, que não se deseja seu fim, nem a alma se contenta com menos do que com Deus. Não é dor corporal senão espiritual, ainda que o corpo não deixe de ter sua parte, e até bem grande. É um trato de amor tão suave entre a alma e Deus, que suplico a sua Bondade o dê a provar a quem pensar que minto" (V 29,13. Também em 6 M 2,4 e R 5,15-17).

Teresa descreve aqui algo semelhante a um arquétipo, por isso Bernini compôs justamente essa visão, pela qual a posteridade, apesar da incompreensão, sentiu-se tão atraída. Mitologicamente, além de Amor, filho de deuses, houve também o filho de Deus, Jesus Cristo, armado com seta para invocar um outro amor. Assim é conhecido pelos Padres da Igreja. Teresa deve ter ouvido ou lido alguma coisa a respeito. Arnobius, o jovem, faz a descrição plástica da visão e conclui: "Se essas setas conquistarem a vitória em nosso coração, receberemos, então, em nossa alma o trono de Cristo"[24]. Para Santo Agostinho, as setas significam a palavra de Deus. Com elas Deus atinge "o coração do amante, para auxiliá-lo. Ele o surpreende, para transformá-lo em amante"[25].

As setas transformam, elas não matam. Mais ainda: segundo Isaías, o próprio Messias é, como palavra de Deus, uma seta de amor[26].

Em resumo, com sua famosa visão, Teresa encontra-se no centro de uma tradição, seja ela do consciente ou "do inconsciente coletivo" (C. G. Jung). Trata-se aqui do "amor inspirado", com o qual o amor natural não pode competir[27]. Não se pode descrevê-lo diretamente. Mas é compreensível que a religiosa da Ordem, diante da imponente vivência, tenha primeiro concentrado suas atenções em torno das visões e, como consequência, em torno de si própria.

Felicidade e dúvidas

A carmelita foi atormentada por tempo suficiente por dúvidas e ordens absurdas. Nesses anos de amadurecimento da experiência mística, sentiu-se, por um lado, irrequieta e irritada pelas visões que se acumulavam, por outro, a imersão na oração tornava-se cada vez mais profunda e com ela também a felicidade e a bem-aventurança. Um desfrutar[28] da proximidade de Deus desempenha nesse nível um grande papel, embora Teresa teoricamente já veja que as coisas não dependem disso. Ela expressa essa opinião em relação ao tratamento da oração mental. Não se trabalha primeiramente para regozijar a alma:

"A alma que nesta via da oração começa decididamente e consegue resolver-se a não fazer caso de aridez, quando lhe faltam delícias e ternuras, ou de consolação, quando lha dá o Senhor, já tem andado grande parte do caminho. Sim, o amor de Deus não consiste em ter lágrimas, nem tampouco nesses gostos e ternuras que geralmente desejamos e com os quais nos consolamos, mas em servir a Deus com justiça, fortaleza de ânimo e humildade".

Mas Teresa faz aqui uma restrição. Ela própria ainda não é capaz de atitude tão heroica e altruísta. Esta é uma coisa dos homens, segundo sua opinião, no entanto estes são os que menos entendem do assunto:

> "Para mulherzinhas como eu, fracas e inconstantes, acho conveniente que Deus as conduza com suavidades, como agora faz comigo para que possa sofrer alguns trabalhos conforme Sua Majestade dispôs que me sobreviessem. Mas servos de Deus, homens de valor, de estudos, de inteligência, dá-me desgosto vê-los preocupados e queixosos de que Deus não lhes concede devoção — como tenho ouvido. Haverá muitos que começaram de longa data e não conseguem sair do princípio, devido em grande parte — creio — a não abraçarem a cruz desde o início. Por esta razão andam aflitos, julgando que nada fazem. Não podem suportar se o intelecto deixa de trabalhar, mas a vontade se robustece e cobra forças, embora não o percebam"[29] (V 11,13-15).

A vontade, esta portadora da imersão e do amor, não pode tornar-se farta e acomodar-se. Nesta primeira fase da experiência mística, Teresa estabeleceu para si mesma critérios menos rígidos, sem um ideal de elegância. "Gozo", "felicidade", "bem-aventurança" são agora suas palavras-chave. Trata-se de um nível preliminar da oração de união, uma espécie de "preparação para o paraíso":

> "Aqui me parece muito bom à alma, como foi dito a vossa Mercê, abandonar-se totalmente entre os braços de Deus. Este modo de oração, a meu ver, é união evidente de toda a alma com Deus. Parece que Sua Majestade dá licença às faculdades para entenderem e fruírem o muito que ele ali efetua. Acontece, algumas e até muitas vezes, nesta união da vontade com Deus, o que vou dizer agora. A alma sente que a vontade está atada

e rejubilando em muita quietude, mas só a vontade. Por outra parte o intelecto e a memória estando tão livres podem tratar de negócios e aplicar-se a obras de caridade. Assim, está simultaneamente exercitando vida ativa e contemplativa"[30] (V 17,2-4).

Por esse motivo, trata-se ainda na oração de união de algo que foi percebido antes, mas agora experimenta um sentimento de ternura, sem saber o que lhe causa esse sentimento, por se estar tão envolvido com ele! Enquanto a alma procura a Deus dessa maneira, ela se sente cair em estado de desfalecimento, com um grande e suave sentimento de felicidade, no qual lhe faltam a respiração e todas as forças físicas. Pois todas as outras faculdades externas se perderam e se concentraram nas faculdades crescentes da alma, para experimentar sua glória de maneira sempre mais profunda. Essa oração não causa danos. As perdas das forças da alma vêm acompanhadas de um grande sentimento de felicidade, do qual a alma sai fortalecida. Também não se deixa divulgar, pois anda numa quietude que deve permanecer imperturbável (cf. V 18,10).

Essa concepção se harmoniza com a observação do psicólogo Albrecht: por um lado, a quietude na imersão se transforma em pura condição, uma qualidade integral. Por outro, a tranquilidade ou a paz se transformam na incondicionalidade da meditação, em objeto de olhar introspectivo e serão vivenciadas como aperfeiçoamento do ser, como bem supremo. Isso ultrapassa qualquer compreensão e se revela em Teresa como uma experiência espontânea, que ela descreve de maneira magistral. De uma forma abreviada, seria o seguinte:

"Acabando eu de comungar e de sair desta mesma oração que descrevo, estava pensando, a fim de escrever o que fazia a alma naquele momento. Disse-me o Senhor estas palavras: 'Desfaz-se toda, filha, para mais entrar em mim: já não é ela quem vive, senão eu. Como não pode compreender o que percebe, não entende entendendo'"[32] (V 18,14).

Neste ponto, a santa remete-se a *Paulo* com seu "vivo, mas não sou mais eu, é Cristo que vive em mim" (Gl 2,20), e por outro lado à questão da compreensão, ligada à expressão do não pensamento. Prossegue:

"Quem o houver provado, compreenderá alguma coisa do que está dito. Mais claramente não se pode explicar, por ser tão obscuro o que ali sucede. Só posso dizer que se tem a impressão de estar junto de Deus. Disto fica tal certeza, que de nenhum modo se pode deixar de crer. Aqui as faculdades faltam e ficam suspensas de tal maneira, que absolutamente não se percebe sua ação. Se a alma estava pensando numa passagem da Paixão, perde--a de memória como se nunca a tivera sabido. Se estava lendo ou rezando, não lhe é possível lembrar-se do que lia, nem fixar em alguma coisa o pensamento. Assim é que esta mariposinha importuna da memória[33], tendo suas asas queimadas, não pode mais esvoaçar. A vontade está bem ocupada em amar, contudo não sabe como ama. Se o intelecto entende, não sabe como entende: ao menos não compreende o que percebe. Não me parece que compreenda porque não entende a si mesma. Também eu não consigo compreender" (V 18,8-15).

Na verdade, Teresa ainda não havia experimentado que esse estado de contemplação pode ser de grande duração. Ela salienta muito mais sua brevidade: no máximo uma meia hora. O que pode, sem dúvida, ser compensado com um novo "mergulho".

O julgamento

Teresa adverte que nessas grandes experiências não se deve iludir com falsa segurança. Mais do que nunca é necessário um guia espiritual sensato e erudito, por mais que seja difícil encontrar um desse tipo.

Com ela própria não ocorreu de modo diverso, sobretudo quando seus fenômenos místicos se tornaram tão fortes, que não podiam mais ser ignorados por seus contemporâneos, como, por exemplo, os êxtases e as levitações, sobre os quais relata com toda a franqueza em sua autobiografia, escrita para seus confessores. Estava tão inquieta, que ela própria se apresentou à Inquisição: na passagem do ano de 1563/64, época da relativa conclusão da segunda versão da autobiografia, já escrita em 1562, encontra o inquisidor Francisco de Soto y Salazar, seu conhecido, mais tarde bispo de Salamanca, e lhe diz literalmente:

"Senhor, em minhas orações, vivencio, às vezes, experiências espirituais fora do comum, como êxtases, enlevos, diálogos interiores. Mas eu gostaria de ter a segurança de que o diabo não me ilude. Por isso, entrego-me nas mãos da Santa Inquisição, para que ela examine meu estado de alma e a maneira como pratico minhas orações. Submeter-me-ei a qualquer ordem".

Ao que respondeu o inquisidor: "Minha Senhora, a Inquisição não examina nem o estado de alma nem a maneira de orar, mas tem a tarefa de punir os hereges. Anote tudo que se passa em seu interior, franca e sinceramente, e envie suas anotações ao padre magistrado João de Ávila, um homem altamente culto e experiente em assuntos de oração. A senhora pode confiar absolutamente em sua resposta"[35].

Teresa lançou-se novamente à revisão de seu livro, que conclui definitivamente no final de 1565[36].

São *João de Ávila*, oriundo de uma família supostamente convertida, como a própria Teresa, tornou-se pelo seu vigor espiritual e sua eloquência o "apóstolo da Andaluzia". Antes, teve de submeter-se a um longo processo, pois ousou, entre outras coisas, questionar os juízes da Inquisição se, com o desprezo demonstrado por parte da Igreja aos judeus e mouros examinados e convertidos, não se impossibilitava psicologicamente a conversão destes! Quando finalmente obteve sua reabilitação, na realidade, quis embarcar em Sevilha para a América. Mas o bispo local reconheceu sua vocação como missionário popular e não o deixou partir. Logo surgiu uma fila de 500 fiéis em seu confessionário. Sua canonização sucedeu-se em 31 de maio de 1970, podendo ser considerado, sob esse aspecto, um santo moderno.

Não foi fácil aproximar-se dos habitantes de Córdoba, tão cheios de afazeres. Teresa procurou uma intermediação e a encontrou na pessoa de uma amiga, Luisa de la Cerda, que havia viajado à Andaluzia para um tratamento de saúde. Passaram-se, porém, semanas — para Teresa, uma guerra de nervos difícil de ser suportada — até que a carta e o livro fossem entregues. Por fim, em 31 de outubro de 1568, chega a carta do grande missionário e santo, escrita em 12 de setembro:

"Que a graça e a paz de Jesus Cristo estejam sempre em sua alma. Quando estava preparado para ler o livro que me foi enviado, isso, na verdade, não ocorreu, porque achei mais legítimo emitir um julgamento sobre seu conteúdo, do que, com a ajuda de Deus, aprender algo com a leitura, como eu antes esperava que acontecesse. E quando não encontrei o tempo necessário para uma leitura reflexiva, meu consolo, graças a Cristo, foi a convicção de que poderia algum dia, com sua leitura, alcançar a edificação, assim que precisasse. Se me desse por satisfeito, estaria faltando com o respeito que a tarefa e a pessoa que a encomendara exigiam. Quero, pois, tentar, pelo menos a grosso modo, transmitir minha impressão. O livro não foi escrito para cair nas mãos de um leitor comum e, em parte, algumas palavras ainda têm de ser buriladas. Em outros pontos, é necessário maior clareza. O restante pode trazer-lhe proveito espiritual, não seria, porém, aconselhável para imitadores. Pois a orientação pessoal de Deus não serve para outros.

O método de oração é, de um modo geral, bom. A senhora pode confiar e se guiar por ele. E os enlevos (*raptos*) têm toda uma aparência de autenticidade. O método, com o qual, segundo sua representação de Deus, a alma conhece sem fazer uso de representação por meio de imagens e sem diálogos interiores, é absolutamente seguro. Nada tenho aqui a objetar, e mesmo Santo Agostinho fala bem desse método. Os diálogos exteriores e interiores já iludiram alguns de nossos contemporâneos. Os exteriores são os mais perigosos. Já foram estabelecidas várias regras para se reconhecer se eles provêm do Senhor. Uma dessas regras diz que eles só podem ser oferecidos como ajuda em tempos de necessidade. Para fortalecer o ser humano que caiu em tentação e desalento, ou para alertar sobre um perigo ou coisa semelhante. Pois, como uma pessoa de valor não diz tolices, muito menos Deus o faria. Ficou comprovado que os diálogos citados em seu livro se encontram sempre em harmonia com a Sagrada Escritura e os ensinamentos da Igreja, portanto, parece-me que todos, ou em grande parte, procedem de Deus.

Visões em que os objetos assumem formas ou imagens, nas quais as coisas externas são representadas, são as mais duvidosas. Não se deve desejá-las jamais. Se tudo já foi feito e as visões, no entanto, perduram, e a alma se vê protegida por elas, quando não trazem consigo a vaidade, mas levam a uma profunda humildade, e quando, além disso, confirmam os ensinamentos da Igreja — se tudo isso persiste e ainda traz uma paz interior, que melhor se deixa experimentar que exprimir: então, não há razão para fugir dessas visões. Contudo, nesses assuntos não se deve confiar no próprio julgamento, mas conversar com alguém que traga uma luz à situação. É o remédio universal para esses casos. E se alguém tiver humildade para se submeter ao julgamento alheio e pedir a Deus que Ele o livre de todas as ilusões, esse deverá também encontrar a verdade no interesse de Deus.

Ninguém deve assustar-se ou julgar precipitadamente, quando vir coisas tão extraordinárias acontecendo com alguém que não seja perfeito. Pois a bondade do Senhor em transformar pecadores em justos não é fato inédito. Mesmo em grandes pecadores, aos quais Ele envia as experiências que trazem a mais suprema felicidade, como pude frequentemente observar. Quem estabelece limites à bondade do Senhor? Sobretudo porque essas experiências não devem ser concedidas por mérito ou porque uma pessoa é mais forte que a outra — mas porque é mais fraca. E, por não santificarem, nem sempre são concedidas aos mais santos.

São injustos aqueles que permanecem incrédulos diante dessas coisas, somente pelo fato de serem tão elevadas, por mais que pareça incrível que uma Majestade Infinita, em testemunho de amor, se comunique amorosamente com uma criatura. Está escrito que Deus é amor, e se Ele é amor, Sua bondade não tem limite. Com tanto amor e tanta bondade, não é de se admirar que haja excesso de amor. No entanto, é mal interpretado por aqueles que não o conhecem. Ou, por mais que o conheçam pela fé, é difícil entender até que ponto pode chegar essa comunicação, se faltar a experiência particular do relacionamento amoroso e mais que amoroso de Deus com os que foram por Ele escolhidos. As experiências fizeram bem a sua alma. Em especial, a senhora foi apoiada por elas no reconhecimento da própria miséria e de seus erros, com o objetivo de promover um esforço para a edificação. E foram sempre duradouras, causando um progresso espiritual, são ensejos para a penitência, a autocrítica e o amor de Deus. E mesmo que se esteja seguro de que as experiências provêm de Deus, não se deve dar-lhes importância demasiada, pois a santidade consiste no amor submisso a Deus e ao próximo. Continue seu caminho, mas com permanente cautela com os ladrões, e pergunte-se sempre aonde ele a conduz. Agradeça ao Senhor, que lhe deu seu amor, com o reconhecimento de seus próprios defeitos, com a aceitação da cruz e da penitência. E não se preocupe mais com coisa alguma, no entanto não as subestime. Há indícios suficientes de que a maioria das coisas vem de Deus, e o restante não irá prejudicá-la, contanto que se consultar com alguém.

Nem posso acreditar que lhe tenha escrito tudo isso de conhecimento próprio, pois não o possuo. Sua oração foi o que me motivou. Peço à senhora, pelo amor de Nosso Senhor Jesus Cristo, que reze por mim, pois estou muito necessitado. Acredito que a senhora não recusará meu pedido. E, agora, com sua licença, devo encerrar esta carta, pois tenho mais coisas para escrever.

Jesus seja louvado por todos e em tudo. Amém!
De Montilla, 12 de setembro de 1568,
Seu servo em Cristo, João de Ávila"[37].

Teresa, agradecida e aliviada, não modificou nada em sua autobiografia. Mas os ensinamentos dessa carta continuaram a exercer influência em sua vida futura.

TRANSFORMAÇÃO

A carta de João de Ávila deixou profundas marcas em Teresa, que se apropria dela mais tarde quando se defende da Inquisição em Sevilha, e a reproduz com suas próprias palavras[38]. Com ela, também aprendeu a ver as experiências místicas, que tiveram continuidade, sob uma outra luz. Trata-se agora da aplicação do que foi experimentado, segundo o pedido na oração do Pai-nosso: "Venha a nós o vosso reino!".

Venha a nós o vosso reino

Esse pedido constitui o centro de seu novo método de oração. E é a epígrafe oral das fundações dos mosteiros. Após o profundo abalo diante da imagem do Cristo coberto de chagas, Teresa se perguntou o que poderia fazer por ele. Então, a ideia se consolidou lentamente e com o apoio de freiras e religiosos surge a resposta: a Ordem Carmelita deveria voltar às origens, ou seja, deveria ser reformada. Primeiramente, Teresa quer criar um novo mosteiro de freiras em Ávila, onde se possa ter uma vida, cuja rigidez prepare o melhor possível para uma contemplação de qualidade. Pois essa contemplação, como ligação direta com Deus, significa auxílio para o mundo que vai de mal a pior, com seus cismas, seus Cristos negligentes, com seus muitos infiéis no novo continente ainda chamado de "Las Indias" — a América!" A contemplação é uma força espiritual que age, que movimenta e que pode comover até Deus — se for uma boa contemplação.

Assim Teresa começa a desenvolver seu plano, em constante diálogo interno com Deus. Chegam ajudas inesperadas dos círculos de parentesco e amizade. Diálogos internos com Deus, as "hablas", como simplesmente se diz em espanhol, ganham uma direção, e não mais têm os estados de alma de Teresa como meta. Ela agora ouve que deve empenhar-se com todas as suas forças na fundação do mosteiro em Ávila, pois nesse mosteiro que deveria chamar-se São José, prestar-se-iam grandes obras ao Senhor. O mosteiro irradiaria esplendor como uma estrela e Cristo estaria nele. Ela deveria falar tranquilamente sobre o assunto com seu confessor. Ele não se oporia ao plano (cf. V 32,11).

Assim fortalecida, Teresa faz progressos e, apesar de resistências por parte das autoridades da cidade e do povo, que temiam que um mosteiro "fundado na pobreza" pudesse arrancar-lhes dinheiro da bolsa, conclui a obra: "Melhor dispôs Nosso Senhor as coisas, do que eu pensava" (F 2,1), diz ela.

Contudo, são necessárias sempre novas "hablas" para manter a coragem e não desanimar. Pois, ao que tudo indicava, o objetivo alcançado, de construir o pequeno mosteiro de São José, encontrava-se apenas no início. Sua fama é tão notável que Rossi (chamado em espanhol por Teresa de Rubeo), o geral da Ordem, vem visitá-lo. Algo assim nunca havia ocorrido. E o eclesiástico de alta hierarquia fica tão bem impressionado que, atendendo ao pedido da superiora de obter um documento que lhe dê plenos poderes de fundadora, emite a seguinte patente:

"Não é bom negociante, trabalhador, soldado ou letrado quem não cuida, não visa, não usa de solicitude e não assume grandes trabalhos para ampliar sua casa, sua roupa, sua honra e todos os seus bens. Se esses fazem assim, muito mais se deve esperar que os que servem a Deus consigam locais, façam igrejas ou mosteiros e obtenham todos os recursos possíveis para serviço das almas e glória da Divina Majestade. (...) À Revda. Madre Teresa de Jesus, damos a faculdade e o poder de fundar mosteiros de freiras da nossa sagrada Ordem, em qualquer lugar do reino de Castela, onde vivam segundo a primeira Regra, com o modo de vestir e outras maneiras que têm e observam em São José. (...) As quais andem vestidas de burel de cor castanha (...). Quando não se puder achar desse tecido, use-se outro igualmente grosso. E nós lhe daremos vigários ou comissários que as governem. O número de monjas num mosteiro não deve ir além de 25. Ávila, 27 de abril de 1567"[39].

Era mais que um sonho! "Não era eu que procurava estes meios", declara Teresa. Mas então reflete e reconhece que a Ordem masculina também teria de ser incluída. Envia ao Geral uma carta e recebe também essa permissão. Verdadeiramente incrível! Uma mulher que promove a reforma para monges! Depois dessa investida espontânea, ela vê claramente a dificuldade: "Eis-me, pobre monja descalça, sem ajuda alguma, a não ser do Senhor". Mas a coragem volta rapidamente: "Oh, grandeza de Deus! Como ostentais vosso poder em dar ousadia a uma formiga!" (F 2,7).

Já na fundação seguinte, ainda no mesmo ano em Medina del Campo, o Senhor envia à santa o ajudante necessário para a fundação dos primeiros mosteiros masculinos: João da Cruz, que acabara de concluir seus estudos de teologia e receber sua ordenação. Ele aceita sua oferta, após curta reflexão e se torna o primeiro carmelita descalço. Ela reconhece o talento genial do jovem reservado, que, no entanto, se enche de ardor quando fala de Deus. Funda os primeiros mosteiros de frades sob as mais duras condições. Teresa o visita e fica admirada. Seu talento verdadeiro se encontra, porém, em outra área: é o maior conhecedor da oração mística. Que ele conta entre os grandes poetas líricos da Espanha, isso Teresa não ficará sabendo. Mas pelo seu carisma como guia religioso, torna--se um "espiritual" da futura Ordem, para a toda a Espanha interessada na doutrina da contemplação! Cinco anos após sua conversão como primeiro "descalço", Teresa o manda chamar a Ávila.

Recebeu, contudo, a desagradável ordem de seus superiores castelhanos de voltar a seu velho Mosteiro da Encarnação como priora, para realizar nele a reforma mesmo contra a vontade das irmãs. É uma tarefa difícil, iria precisar de João, pois com os velhos padres calçados como curas de almas não seria possível promover nenhuma reforma. E João age de forma convincente, bem como a madre, humilde madre superiora que pede para ser criticada e ganha corações. Logo surge entre esses dois santos uma profunda ligação pela experiência mística que têm em comum. No entanto, diante do gênio espiritual muito mais jovem que ela, Teresa faz questão que não sejam esquecidos os "anos e experiência" que tem (CV Pról. 3).

A reforma causou tanta sensação, que até o próprio passado no mosteiro teve de ser posto em dia. Além disso, prosseguem as fundações restantes, a superiora não está sempre quieta no mosteiro, ela está principalmente viajando em carroças com toldo, em mulas (ela cavalgava extraordinariamente!), com muita sorte, também em carruagens de luxo da nobreza.

De onde Teresa retirou realmente sua ideia? Partiu das reformas contemporâneas dos mosteiros, em especial dos franciscanos, que conhecia a fundo por meio de Osuna e do amigo São Pedro de Alcântara. E, ao mesmo tempo, de seu conhecimento — não tão completo — da história da Ordem Carmelita. Essa Ordem se originara de uma colônia de eremitas na serra do Carmelo e invoca Santo Elias como fundador mitológico. A isso foi acrescentada uma especial devoção a Maria, Mãe de Deus. Foi uma origem de beleza oculta.

Racionalmente, poderia referir-se aos primeiros estatutos da Ordem, esboçado pelo patriarca Alberto de Jerusalém em 1209 e mais tarde aprovado pelo Papa Honório. Sua ideia principal é a seguinte:"Cada um permanece em sua cela, observando dia e noite a lei do Senhor". Mas a Ordem era frequentemente atacada por sarracenos, portanto foi aconselhável uma transferência para a Europa, o que ocorreu em 1238. Ali, a rigidez eremita e a reserva foram difíceis de serem mantidas e foi desenvolvida uma nova orientação, adaptada à Ordem mendicante. A regra deveria ser modificada e foi ratificada pelo Papa Inocêncio IV, em 1247. Houve outra atenuação em 1434/35. Era a que Teresa tinha em mente, quando quis voltar à "antiga rigidez das origens", embora se referisse à regra de Inocêncio, de 1247[40].

Teresa avança com sua reforma, sempre com a ajuda de Deus, é claro. Trata-se de um empreendimento comunitário: Deus é encarregado da inspeção geral, Teresa sugere e executa. As longas horas de orações silenciosas são coisas do passado. Deus se manifesta em meio a toda a atividade. "Na cozinha, entre os púcaros anda o Senhor, ajudando-vos" ("Entre los pucheros anda el Señor ayudándoos", F 5,8), dirá depois as suas filhas.

Para ela, trata-se agora mais do que cozinhar. O Senhor a envia aqui e acolá, ela tem suas tarefas. Assim diz Ele que: "não era tempo agora de descansar: pelo contrário, desse-me pressa em fundar estes mosteiros, pois com as almas que neles há tem Ele descanso" (R 9). E exige que escreva sobre as fundações. Ela, já habituada a esses diálogos, contesta: "Não vejo coisa especial para se escrever sobre a fundação em Medina". Ele responde pacientemente: é preciso reconhecer que essa fundação havia sido milagrosa (R 9). E acrescenta: "De que te afliges, pecadorazinha? Não sou teu Deus?" (R 27) Ou ainda: "Não sabes que sou poderoso?" (V 36,16) E conclui: "Filha, a obediência dá forças!" (F Pról. 1).

Naturalmente, a santa se questiona sobre os critérios de autenticidade desses diálogos. E constata o seguinte: não é necessário esforço para se ouvir, este só se faz necessário quando se quer falar de forma bem organizada. Na audição, age-se de modo passivo, nem sempre ouvindo, contudo, aquilo que se gostaria ouvir. Mas o mais importante é que: *As palavras de Deus são obras!* Quando as ouvimos, tudo fica mais claro e tranquilo, e nos sentimos logo capazes de executar os desejos, mesmo que sejam diferentes do que se pensou (cf. V 25,3-4). Assim, a nova vida é um grande diálogo entre a audição e a ação. A vida ativa cresce do relacionamento íntimo com Deus, do que foi adquirido outrora nas orações mentais, na consciência da meditação contemplativa (vide em especial p. 21 a 33).

Os novos mosteiros precisam agora de um método prático de oração, que Teresa escreve entre 1565-69. E o que é mais extraordinário: ela o escreve por encomenda do dominicano *Domingo Báñez*.

O prestígio que rapidamente a fundadora conquistou pode ser visto na tarefa desse seu confessor, intelectualmente, o mais importante deles, professor da Universidade de Salamanca, ainda hoje famoso como opositor dos jesuítas na polêmica sobre a "Graça", controvérsia da época que até hoje permanece em aberto. Báñez era um homem importuno, não era amigo de mulheres — mas devido a sua boa relação com Teresa alcançou novos conhecimentos e tomou ousadas resoluções. Pois, numa época hostil às mulheres, constantemente preocupada com a pura conservação da fé, na qual mesmo a bíblia em espanhol fora colocada no Índex — o clero lia em latim —, ele pediu a Teresa um método de oração para os novos mosteiros. O método presente na autobiografia não era suficiente para ele.

Por quê? Esse método havia sido escrito objetivando um conhecimento pessoal e uma justificação. Não era um livro didático, como já salientara João de Ávila: "A orientação pessoal de Deus não é válida para outros" (vide p. 34). O novo método seria concebido por uma mulher e para mulheres, já que nesses anos em que foi composto o manuscrito a fundadora cuidava de cinco mosteiros femininos: em Ávila, Medina del Campo, Malagón, Toledo e Pastrana. Ao mesmo tempo, esse escrito serviria como arma para as mulheres, que eram menosprezadas em suas capacidades intelectuais. No aspecto teológico — Báñez era uma louvável exceção — não se lhes queria conceder nem sequer a habilidade para a oração contemplativa. Elas só podiam rezar oralmente. "O Pai-nosso já basta", dizia-se.

Teresa intervém aqui: "E como basta!", escreve. E explica que não há uma oração puramente oral. Se não se tratar de um palrar vazio, o inaudito perante Deus estará presente. Ela denomina essa atitude agora de "oração interior". Não é mais o diálogo amigável, mas de um modo geral a atitude temerosa diante da santidade do Deus vivenciado e presente, que acompanha todos os níveis da oração.

Por consequência, Deus pode promover alguém que reza o Pai-nosso interiormente de uma prece oral a um nível mais elevado de contemplação silenciosa. Por trás desse "alguém" se esconde a experiência dos santos[41].

Ela propõe seu novo método de oração nos moldes do Pai-nosso — por ser a oração do Senhor e estar transmitida na Sagrada Escritura. E porque as mulheres deveriam mostrar do que são realmente capazes intelectualmente. Profundas experiências místicas transformadoras.

Pai, explica a santa, é Deus, primeiramente para Jesus Cristo, depois também para nós, quando voltamos como o filho pródigo, quando nos voltamos para Deus. Então, quem ora com a palavra 'Pai' irá encontrar, como diz Teresa, "entre tal Pai e tal Filho o Espírito Santo. Que ele enamore a vossa vontade" (CV 27,7). Desse modo nos tornamos filhos de Deus.

Para os contemplativos, isso significa ir além do egocentrismo, como se confirma no pedido "Seja feita a vossa vontade", e a realização em "Venha a nós o vosso reino". Para isso vive, trabalha e ora Teresa. Para isso viaja por toda a Espanha. E quando fala dos "infiéis" do novo continente e diz: "O Senhor lhes dê luz!", acrescenta imediatamente: "Por aqui como por lá, há muita desventura. O Senhor nos dê luz!" (Carta de Toledo, 17 de janeiro de 1570).

Teologia prática

O livro do Pai-nosso, como Teresa gosta de chamá-lo, mostra às filhas religiosas a simplicidade da nova oração, desde que se esteja esclarecido sobre seus pressupostos. O segundo pedido é exposto da seguinte maneira:

"Reparai agora no que diz vosso Mestre: *Que estais no céu.* Pensais que importa pouco saberdes que coisa é o céu e onde haveis de buscar vosso Pai sacratíssimo? Pois eu vos digo, para almas sujeitas a distrações, é de suma importância não só crer nesta verdade, mas procurar entendê-la por experiência. É uma das considerações mais apropriadas para prender o intelecto e recolher o espírito. Ora, como sabeis, Deus está em toda parte. Onde está Deus, aí está o céu. Por conseguinte, podeis crer, e não há menor dúvida, onde está Sua Majestade, aí está toda a glória. Por isso, diz santo Agostinho que buscava o Senhor em muitas partes e veio a achá-lo dentro de si mesmo. Será de pouca importância para uma alma dissipada compreender esta verdade e ver que, para falar a seu Pai eterno e alegrar-se com sua companhia, não tem necessidade de ir ao céu, nem de clamar em altas vozes? Por baixinho que fale, está ele tão perto que sempre nos ouvirá. Para ir buscá-lo não precisa de asas: basta pôr-se em solidão e olhá-lo dentro de si mesma. Não estranhe tão bom hóspede. Fale-lhe como a um pai, com grande humildade. Peça-lhe como a um pai. Conte-lhe seus sofrimentos e implore remédio para eles, entendendo que não é digna de ser sua filha".

Teresa remete-se de imediato ao fato de que essa consciência não deve ser confundida com falsa humildade. Deve-se, antes, alegrar-se com a proximidade e os presentes do Senhor. Emprega a palavra céu como se este estivesse refletido no ser humano:

"Quem desta maneira puder encerrar-se nesse pequeno céu de sua alma, onde mora aquele que a criou e também criou o céu e a terra, acostuma-se a não olhar coisa que distraia. Assim fazendo, creia-me, vai por excelente caminho"[42] (CV 28).

O que mais impressiona a santa é a figura humana claramente em formação, como no evangelho segundo São João e nas cartas de São Paulo. Uma morada e um "Cristo em mim" que a aproxima, com suas belas metáforas, das filhas e irmãs espirituais.

"Mas que motivo de maior admiração! Aquele que encheria mil mundos e muitíssimo mais com sua grandeza, se encerra em coisa tão pequenina, como é nossa alma. Verdadeiramente, como é Senhor onipotente, traz consigo a liberdade e, por que nos ama, se acomoda em tudo a nossa medida."

Pois no ser humano não se espelha somente o céu, já que foi criado à imagem de Deus, cada um a seu modo. Em um de seus poemas, Teresa coloca Deus, o Criador, falando com a alma:

"De tal sorte pôde o amor,
Alma, em mim te retratar,
Que nenhum sábio pintor
Soubera com tal primor
Tua imagem estampar"
(P, 1334s.).

Para mostrar o valor de uma alma, Teresa escolhe a imagem de um palácio suntuoso, cujas dimensões Deus pode modificar. Ele é todo feito de ouro e pedras preciosas e, quanto mais nobre a alma, com mais suntuosidade ele brilha. Nele moram o grande Rei, o Pai, e seu trono é nosso coração (cf. CV 28-29).

É importante para as mulheres tomarem conhecimento disso. E, mais do que a Deus, Teresa nos remete a Jesus Cristo como rei desse palácio da alma. Em outra passagem diz que o Senhor concede essas graças com mais frequência às mulheres que aos homens (cf. V 40,8). Com isso, refere-se aos relatos do Evangelho sobre a ressurreição e às mulheres no túmulo, mas também às amizades cultivadas por Jesus Cristo. Uma teologia completa! A passagem a seguir brota do primeiro esboço do seu "Caminho de perfeição":

"Senhor de minha alma! Quando ainda peregrináveis neste mundo, não desprezastes as mulheres, mas, ao contrário, provastes--lhes constantemente tua especial simpatia. Encontrastes nelas mais amor de fé que nos homens. Pois entre elas estava também vossa Santa Mãe, com cuja benemerência nos contempla, ainda que não a mereçamos, devido a nossos pecados, e cujo hábito, por isso, trajamos. [O mundo se engana se ele pensa][43] que não devemos agir em público, nem devemos dizer algumas verdades, pelas quais choramos em segredo, e que vós, Senhor, não ouve nossos pedidos justos. Nisso não creio, Senhor, pois conheço vossa bondade e justiça. Vós sois um juiz imparcial, não como os juízes deste mundo que, como filhos de Adão, enfim, como homens, duvidam de toda boa aptidão numa mulher. Sei que o dia virá, meu Rei, em que haverá reconhecimento mútuo. Não falo por mim, pois o mundo conhece minha inferioridade e eu fico contente que ela seja conhecida. Mas considero injusto nestes tempos, que se repudiem espíritos fortes e com talento para o bem, somente por se tratar de mulheres"[44] (CE 4,1).

Teresa volta-se totalmente para a Sagrada Escritura, em termos de doutrina e relatos sobre a experiência. Não é só uma medida de segurança contra a Inquisição. É o desejo de seu coração, porque assim está mais próxima de Cristo. E ela não o experimentou sempre vivo em seu interior? Devido a essa morada de Cristo/Deus, o ser humano é para ele um segredo de valor infinito, que ultrapassa todo conhecimento. Pode-se dizer que o ser humano possui para Teresa uma estrutura tríplice. Consiste em corpo, alma e Jesus Cristo[45]. Ou, dito de outro modo: a encarnação de Cristo deve sempre se realizar em cada um de nós.

Logo, Teresa pode até dizer que a experiência é para ela garantia da verdade do que ensinou (cf. V 33,6; CV Pról. 3; cap. 23,5; R 5,15). As experiências lhe dão segurança. Desenvolve uma antropologia baseada em sua teologia originada da experiência. Essa teologia prática não é uma invenção subjetiva, mas confirma na prática a doutrina cristã. Na verdade, um teólogo sem a experiência da oração mental não consegue entendê-la, por mais erudito que seja (cf. F 8,8). Para Teresa, Cristo é o lugar onde o homem encontra-se com Deus[46]. Ele é absolutamente irrenunciável. Seu conhecimento interior conjuga-se com a experiência de Paulo: vivo, mas não sou mais eu, é Cristo que vive em mim, e devemos representar Cristo em sua feição completa[47].

Pelo "Cristo em mim", Teresa alcança uma moderna versão do pequeno e grande Eu:

"Morra já este eu, e viva em mim Aquele que é mais do que eu, e melhor para mim do que eu mesma; a fim de que o possa eu servir. Viva Ele e me dê vida; reine Ele, e seja eu sua cativa; que não quer minha alma outra liberdade. Como será livre quem do Sumo Bem estiver apartado?" (E 17,3).

Trata-se aqui de Cristo, como o essencial no ser humano. Atualmente poderia substituir-se esse "outro" "eu" pelo '*self*'. Não no sentido da "autorrealização" egocêntrica, mas na concepção das grandes religiões meditativas, que encontram Deus no *self*. A santa chega por meio de sua vivência interior a uma cristologia[48] e uma antropologia cristã. Não temos nenhuma sequência cronológica de suas visões e audições. E, se é normalmente o Cristo ressuscitado que vai a seu encontro, a ressurreição nos remete novamente à cruz. Pelo menos, é assim que Teresa vê as coisas: Deus se tornou homem, sofreu e morreu para dar à humanidade a possibilidade de superar com ele o sofrimento e a morte e, por fim, de permanecer no seu reino que está por vir. Por isso, o próprio sofrimento, vivido de múltiplas formas, é abolido na cristologia de Teresa, que reclama dele, mas não oferece obstáculos à presença desse sofrimento nas incansáveis atividades de sua vida. Por esse motivo, dizia-se o seguinte sobre ela: estava sempre doente, mas não era uma enferma. A participação no sofrimento de Cristo/Deus traz a verdade, e a verdade significa segurança. O pedido "Seja feita a vossa vontade" necessita de coragem:

> "Cumpra-se em mim, Senhor, vossa vontade de todos os modos e maneiras que vós, Senhor meu, quiserdes. Se me quiserdes enviar sofrimentos, dai-me forças para suportá--los, e venham! Se perseguições e enfermidades, desonras e mínguas, aqui estou! Não afastarei o rosto, ó meu Pai, nem há motivo para virar as costas" (CV 32,10).

Teresa deu provas de tudo isso em sua vida, carregou perseguições, malogros e doenças em seu espírito. Pode dizer por experiência própria:

"Estou convencida de que a medida da capacidade de levar cruz grande ou pequena é a do amor" (CV 32,7).

Não que devamos buscar o sofrimento, Teresa não é nenhuma masoquista. Mas ele faz parte da vida de cada um e assume por meio de Jesus Cristo outra qualidade. Conhecer a atitude de Cristo, sua existência, que já o trazemos em condições de germinar dentro de nós, e deixá-lo crescer na medida do possível, significa a transformação pela contemplação, de que trata Teresa nessa fase de sua vida e no novo método de oração. Não importam aqui as experiências venturosas, o sofrimento também pode ser uma autêntica oração:

"Outra oração não quisera eu, fora da que me fizesse crescer nas virtudes. Se fosse acompanhada de grandes tentações, securas e tribulações, porém me deixasse mais humilde, a essa teria eu por boa, pois consideraria mais oração aquilo que mais agradasse a Deus. Ninguém pense que não está orando aquele que padece: já que se o está oferecendo a Deus, ora incomparavelmente melhor, muitas vezes, do que outro na solidão, a quebrar a cabeça, imaginando ter oração quando consegue espremer algumas lágrimas" (Carta de Toledo, 23 de outubro de 1576).

A contemplação já não serve à própria edificação, como na primeira fase de sua vida. Ela dá força à ação e ao sofrimento, e o sofrimento é também um serviço necessário a Deus e ao próximo. Na verdade, uma coisa óbvia, se Cristo está presente no âmago do ser humano. Portanto, justifica-se aqui a posição madura em relação à perfeição contemplativa:

Devemos permanecer na oração, "mas, já se entende, quando não impede outras ocupações impostas pela obediência ou requeridas pelo aproveitamento dos próximos. Se alguma destas se apresenta, exigindo o tempo que tanto desejávamos dar a Deus, — que, a nosso modo de ver, é estar a sós pensando nele e regalando-nos com as delícias que nos dá, — estejamos certas de que deixar a oração por qualquer destas duas coisas é dar-lhe gosto e fazer por seu amor o que Ele mesmo disse por sua boca: 'O que fizestes por um destes pequeninos, a mim o fizestes'[49]" (F 5).

Isso não quer dizer que suas visões e diálogos interiores tenham cessado. Pelo contrário, nesse tempo Teresa é, categoricamente, inundada por eles. Mas para toda subjetividade encontra uma correspondência no texto bíblico e na profissão de fé, embora pela proibição inquisitória da bíblia espanhola (1559) fosse-lhe vedada uma leitura direta da Sagrada Escritura. No entanto, ajudaram-na a lembrança da leitura da Bíblia feita no passado, que a havia impressionado, assim como as citações nos livros em linguagem popular ou sermões, que ela ouvia com alegria e atenção.

O sobrenatural, principalmente a ligação com Cristo, torna-se cada vez mais natural para ela. Em 1572 tem uma visão bastante decisiva em sua vida, que marca sua admissão na *Unio mystica*. O precedente foi uma ação pedagógica do jovem João da Cruz, ao qual ela gostava muito de deixar claro sua superioridade materna, pois sua perfeição a enervava. Contudo, na sagrada comunhão, na qual João atuava como padre, isso não era possível. Foi em 18 de novembro, quando ele lhe deu somente uma meia-hóstia no postigo da comunhão. Pois lhe parecia uma imperfeição da superiora, que ela sempre quisesse receber uma hóstia inteira: segundo seu entendimento, seria um resquício de nociva avidez espiritual, que ele combatia onde a encontrasse.

Seja porque sua última imperfeição agora estivesse extinta, ou por uma necessidade interior de compensação da decepção resignada: Cristo aparece a Teresa interiormente e a consola: "Não temas, filha, que alguém te possa jamais apartar de mim".

E Ele lhe entrega um cravo da cruz, e diz:

"Olha este cravo: é sinal de que serás desde hoje minha esposa. Até agora não o tinhas merecido; daqui em diante, zelarás a minha honra, não só por ser eu teu Criador, teu Rei e teu Deus, senão como verdadeira esposa minha" (R 35; Ávila, novembro de 1572).

A santa continua relatando que quase perdeu os sentidos e que andou o dia todo como se estivesse anestesiada.

É claro que o prego da cruz, com a "honra" da aliança de casamento, também significa participação na Paixão de Cristo. Isso será confirmado quando, três anos mais tarde, Cristo a relembra do matrimônio (desposorio)[50] entre ambos e Ele acrescenta que tudo que lhe pertence também pertence a ela:

"Tudo o que tenho é teu, e assim, entrego-te todos os trabalhos e dores que passei, e com isto podes pedir a meu Pai, oferecendo-lhos como teus próprios" (R 51; Sevilha, 2º semestre de 1575).

É novamente uma conjugação da experiência interior com a teologia cristã. Sua própria disposição humana para o sofrimento não seria suficiente, se Cristo não lhe houvesse adquirido este bem superior, com o qual ela pode apresentar-ser efetivamente com o propósito "Venha a nós o vosso reino". Como diz o teólogo espanhol Secundino Castro, trata-se do existencialismo cristológico, que Teresa adquiriu por meio da experiência[51]. Não há nenhuma histeria ou anomalia em sua aceitação da ligação "conjugal". Como todo discurso das "noivas" monásticas de Cristo, é uma metáfora do amor ao ser sublime e o esforço para ser aceita e viver com ele. Na Bíblia, também é o "noivo" com quem as virgens, carregando suas lamparinas no escuro, desejam encontrar-se. Trata-se da "transformação", que Teresa e João da Cruz consideram um objetivo de vida. Ela será "cultivada" na contemplação, no entanto pressupõe a participação na vida e Paixão de Cristo. É muito natural que, nessas visões condutoras, a qualidade originalmente entendida como pura "experiência da presença" caia em esquecimento. Teresa necessita agora do concreto em todas as suas atividades, que exigem muito dela.

Entre o céu e a terra

Já na época em que escreveu sua "Vida", Teresa ouviu dizer que a alma pode, às vezes, cair num estado em que "vive sem ainda se achar no céu, nem habitar mais a terra. Não recebe consolo do céu, nem quer o da terra. Está como crucificada entre o céu e a terra, padecendo, sem receber socorro de um lado nem do outro" (V 20,11). É uma experiência que ela mais tarde também faz, em meio a sua atividade. Como deve ter se sentido muitas vezes solitária no Mosteiro da Encarnação, quando não mais era uma irmã entre as irmãs, mas como madre superiora encarregada de uma tarefa difícil de se levar a cabo! O ensimesmado João da Cruz não era um companheiro com quem se podia conversar. Havia de ambos os lados certo acanhamento, apesar do amor verdadeiro. Mais tarde, quando João, para sua segurança, após sofrimentos brutais e 'aventuras', foi transferido para a Andaluzia, Teresa sente-se solitária[52]. E João reclama da falta que ela lhe faz[53].

Em viagem, a reformadora também se sentia muitas vezes abandonada, apesar ou por causa de tanta gente estranha e por algumas contrariedades. Mas Teresa é corajosa e, o mais importante, nunca se descuida das orações, seja em horas de necessidade na carroça ou montada em uma mula. Durante todos esses anos de viagem, tornou-se uma personalidade famosa na Espanha. As fundações de mosteiros a levaram, de Castela à Andaluzia, por toda a Espanha e em seu roteiro de viagem falava com muitas personalidades importantes.

Aliás, Andaluzia veio a ser um problema, pois ela não possuía ali uma licença para a fundação de um mosteiro. Seu primeiro mosteiro feminino nessa região foi fundado em Beas de Segura. Geograficamente e por direito nacional, Beas ainda pertencia a Castela, mas por direito canônico pertencia à Andaluzia. Teresa desconhecia o fato e isso gerou o problema.

Quando se encontrava infeliz diante de tudo, chegou em Beas *Jerónimo Gracián de la Madre de Dios*, um monge de 30 anos, de quem havia ouvido falar, porque durante os dois anos em que passou na congregação reformada por ela havia feito, sem querer, uma grande carreira. Em Sevilha, aconteceu-lhe o mesmo que ocorria com Teresa em Beas: uma fundação ilícita. Ele a visitou em abril para que pudessem conversar.

Esse encontro foi para ela uma revelação, um momento de transição em sua vida. Ele possuía tudo de que ela precisava: juventude, alta cultura, relações familiares com a corte real, coragem de sacrificar a própria vida, pois havia renunciado à carreira de professor universitário para ingressar em sua Ordem em formação, audácia (às vezes acompanhada de descuidos), humor e fina intuição para as necessidades da futura companheira, que poderia ser sua mãe. Além disso, um talento brilhante para falar e escrever.

Teresa estava profundamente impressionada, tanto pela sua pessoa quanto pelas possibilidades de sua atuação na reforma. Ela escreve com espontaneidade sobre o encontro, como sendo os dias mais felizes de sua vida, chama Grácian de anjo e é inundada por visões, em que ele ocupa posição de destaque. Tenta distinguir o autêntico do não autêntico, ou seja, não age de modo acrítico. De resto, tem a seguinte opinião sobre o assunto:

"Posso tratar com vossa Paternidade e ter-lhe muito amor por muitos motivos, mas nem todas o poderão fazer, e nem todos os prelados serão com meu Padre, para que os tratemos com tanta simplicidade. (...) O que as monjas me virem dizer e fazer — porque sei a quem me dirijo e já me é lícito em razão de meus anos — julgarão que também elas o podem, e terão razão. (...) Confesso que tenho procurado encobrir delas minhas imperfeições" (Carta de novembro de 1576).

Com certeza, Teresa está perdidamente apaixonada, ela resgata fatos comuns da realidade da vida somente em seu interior, mas não os vive de forma externa e concreta, agindo com responsabilidade. Sobrepõe a missão religiosa de vida, de forma consciente, aos sentimentos pessoais. Havia conhecido em Grácian um teólogo que muito valorizava as capacidades intelectuais das mulheres, e com quem, apesar de sua juventude, podia conversar sobre experiências místicas, pois ele havia lido e escrito sobre o assunto, embora, por mais que tivesse tomado conhecimento delas, não as desejava e simplesmente as rejeitava. Em sua autobiografia, confessou mais tarde: "Experimentei o obscurecimento interno. Autocensuras torturantes, medos desencorajantes. Desalentos desesperados e um aperto, no qual a alma parecia sufocar-se. Fervores intempestivos, que devoravam o coração. Abandono, tanto interno quanto externo. — Eu pedi a Deus a cruz e o sofrimento, já quando iniciei uma vida de oração, ou seja, desde os meus vinte anos. E implorei que me vedasse o caminho das riquezas e das honras mundanas e espirituais, com as quais se costuma recompensar a erudição. Pedia a Ele também que não me concedesse visões, revelações e milagres, pelos quais se é considerado santo. Ao invés disso, pedi a cruz, despida e ignominiosa, na qual enxerguei o caminho reto e seguro para o céu"[54].

Teresa permanece por muito tempo na Andaluzia, cultiva a amizade de Grácian e se afunda cada vez mais em problemas. O novo amor, correspondido pelo padre com assombro, cautela, mas também com prazer, apoia-se em dois pilares: um visionário e o outro ético. A ética: na época de sua decisão de fazer uma reforma na Ordem, Teresa havia feito um voto de sempre tentar alcançar a maior perfeição e fazer tudo segundo os mandamentos de Deus. Seus confessores não ficaram muito contentes com isso. E, desde então, ela própria estava à procura de alguém que pudesse auxiliá-la no resgate dessa promessa. Além disso, teve a visão da *Unio mystica* com Jesus Cristo. Como poderia, uma "mulher sozinha", como gostava de dizer, dar conta de todas essas exigências? Agora havia encontrado o padre que a compreendia (e ela a ele!) e que iria ajudá-la. Ele tomou isso a seu cargo, espantosa a quantidade de amor e exigências que a ele afluía e, graças a Deus, com bom humor. Ela queria exercícios de penitência? Tenha a bondade: a esse fato pertence a famosa cena em que foi retratada por Juan de la Miseria, seu singelo irmão de Ordem, que virava seu rosto nas sessões de acordo com o gosto dele, parava o trabalho quando ela se sacudia de tanto rir e, finalmente, produziu um quadro em que ela se achou horrível[55]!

O seguinte relato expõe a favor da maneira bem disposta com que via seu difícil papel: "Aconteceu-me muitas vezes que em conversas com ela, nas quais tínhamos opinião diferente sobre o assunto, minha opinião houvesse mudado durante a noite. Quando a procurava para dizer-lhe que tudo estava certo como sugerira, ela sorria. A minha pergunta sobre o porquê do ocorrido, respondia que o Senhor já lhe havia dito que eu concordaria com ela. Se seu superior lhe ordenasse o contrário do que ela considerasse certo, iria até o Senhor e diria a Ele: Senhor, se Vós também considerais correto o que eu desejo, mude o coração de meu superior sobre o que ele me ordenou para que possa manter-me obediente a ele"[56].

A obediência dos santos também tinha algo de espirituoso! No início, Teresa temia que a decisão, considerada difícil por ela, de se submeter completamente ao jovem Grácian, fosse usurpar-lhe a liberdade necessária para a vida espiritual. Mas logo percebeu que era justamente o contrário. O verdadeiro amor só pode ser doado em liberdade, segundo concluiu. E, além disso, Grácian é um jovem pleno de Deus, com cujo progresso espiritual se preocupa muito, sendo a recíproca não tão verdadeira. Suas cartas são cheias de bons conselhos para ele, mas com suas juras de amor duvidosamente à margem do suportável. É claro que seu coração também precisava de um coração feminino que lhe desse a possibilidade de se expressar. Nesse aspecto, receberá o apoio religioso por meio do pilar visionário dessa amizade. Logo após o primeiro encontro em Beas, "enquanto comia", entrou inesperadamente em recolhimento e foi tomada pela seguinte visão:

"Pareceu-me ver junto de mim Nosso Senhor Jesus Cristo, sob a forma com que Sua Majestade costuma aparecer-me; a seu lado direito estava o Mestre Grácian, e eu ao esquerdo. Tomou-nos o Senhor a cada um a mão direita e unindo-as, disse-me: Queria que eu, enquanto vivesse, tomasse a este em seu lugar, e que nos conformássemos em todos os assuntos, porque assim convinha" (R 40, abril de 1575, em Beas de Segura).

Teresa não teve dúvidas: "Ficou-me plena segurança de ser de Deus esta visão, apesar da grande resistência interior que senti". Sobretudo diante do exímio confessor Báñez, Grácian, com seus quase trinta anos e com toda a sua alta cultura e inteligência como guia espiritual, ainda era inexperiente. Teresa não contou nada a ele sobre esta visão que lhe dizia respeito, mas escreveu-a numa carta que deveria ser-lhe entregue depois de sua morte.

Atualmente, é de se espantar que ela se preocupasse com Báñez e não com o "casamento místico" com Jesus Cristo. Mas era justamente por isso: a *Unio mystica* na terra é difícil e, como ela sempre soube, imperfeita. Também ultrapassa um pouco as possibilidades humanas. Ora, no "representante" havia encontrado um guia espiritual com quem poderia realizar o que era, segundo ela, o sentido de um casamento: a perfeita harmonia da proximidade humana, em que se pode reconhecer os mandamentos de Deus. O representante terreno dá a segurança concreta ao tão inesperado casamento celeste. Críticos, cuja observação tiveram como resultado uma interpretação psicológica irônica, não repararam que a segunda visão "conjugal" com Cristo[57] (vide p. 53), a "visão do casamento", realizou-se, meses depois, com Grácian. Teresa não entra, nesse caso, em nenhum conflito. Muito pelo contrário, escreve ao padre:

"o Casamenteiro foi tal e deu o nó tão apertado, que só com a vida se romperá; e ainda depois da morte [de Teresa] estará mais firme, pois nenhuma bobagem de perfeição poderá desatá-lo" (Carta de Toledo, 9 de janeiro de 1577).

E essa afirmação se concretizaria. Quando, após a morte de Teresa, e com o fim das desventuras do santo padre Grácian,— expulsão da Ordem, prisão na Turquia, procura de uma pátria — ele escreve em Flandres uma grande quantidade de obras, que sempre tratavam da "santa madre Teresa"[58].

Mas agora, em junho de 1577, visitou-a em Toledo e, depois de algumas conversas e de seu sábio estímulo, ela começa a escrever sua obra-prima, o "Castelo interior" ("El castillo interior"). Por que ela agora tem tempo para escrever e permanece em Toledo?

O acontecido está ligado à luta entre as Ordens, resultantes do fato de Gracián haver sido encarregado de altos cargos e que já se haviam iniciado quando ele visitou a madre em Beas. Pois até a mais alta hierarquia da Ordem estava contente por ter achado um jovem tão talentoso e ativo e lhe deu autoridade, não somente sobre seus irmãos, os "descalços", como também sobre os inimigos da reforma, os "calçados", na Andaluzia. Temia-se que logo houvesse homicídios e assassinatos!

Em meio a toda essa agitação houve casos de morte que roubaram a Gracián e a sua madre Teresa toda a boa vontade e proteção. Sobretudo porque, em lugar do falecido núncio Ormaneto está o núncio espanhol Sega, que quer levar o padre Gracián à fogueira, chama Teresa de andarilha e errante, jura destruir suas obras e influencia o superior-geral da Ordem contra ela — as fundações ilícitas na Andaluzia ofereceram um bom pretexto para isso.

Todas as explicações que Teresa fez por carta não ajudaram em nada, tinha permissão apenas para escolher um mosteiro, no qual tinha de permanecer. Viagens e fundações estavam proibidas. E logo (1578), Sega subordinou a Ordem reformada dos descalços novamente aos velhos carmelitas, aos "calçados". Tudo parecia estar perdido. Sim, a inimizade declarada dificultava a vida dos fiéis de Teresa. João da Cruz foi sequestrado, torturado e preso — em Toledo, enquanto Teresa passava uma temporada em Ávila, para submeter seu pequeno Mosteiro de São José aos superiores da Ordem. Só a fuga e o exílio para Andaluzia salvaram-lhe a vida. Gracián foi encarcerado num seminário em Alcalá. Quem ainda podia ter alguma esperança?

Entretanto, Teresa e Gracián não desistiram. Escreveram incansavelmente, moveram as peças de seus relacionamentos, inclusive com o rei. Este ouvia atentamente a tudo, devido a tensões políticas com Roma. A tudo isso se juntaram a sorte e a ajuda de Deus, ou seja, a situação mudou, e o núncio Sega teve de revogar suas medidas.

Por fim, realizou-se o que Teresa ouviu em uma de suas visões em que Gracián figurava: "Dele é a vitória!" (R 59,1)[59]. O papa Gregório XIII escreve em 22 de junho de 1580 um Breve: os descalços serão reinseridos em seus velhos direitos e regras descritos pelo Papa, como foram concedidos a Teresa. E, principalmente: os descalços têm permissão para abrir uma própria província na Espanha e, como provincial, será eleito Jerónimo Gracián de la Madre de Dios!

A vitória também pertence a Teresa — porém nenhum dos grandes senhores religiosos chega a citá-la! Com exceção de Gracián, que lhe envia um manuscrito de agradecimento e homenagem[60]. Mais tarde, em sua autobiografia, "As peregrinações de Anastácio", no capítulo sobre as grandes mulheres da história, ele irá dizer como madre Teresa foi tratada injustamente: "a madre fundadora tinha muito mais direito à glória eterna, pois ela criou mosteiros, nos quais se cultua o Espírito Santo e cuja obra agrada a Nosso Senhor e o glorifica"[61]. Descreve, além disso, todas as fundações teresianas em um longo poema épico e, mais tarde em uma carta escrita, não hesita em explicar que as preparações para a beatificação dos santos só não foram suspensas, porque ele sacou de seu porta-moedas[62].

As difíceis experiências visionárias, das quais, segundo Teresa, originam-se a *Unio mystica*, fazem-na lançar mão de uma metáfora em sua próxima e última obra, "O castelo interior", que surpreende. É a imagem da borboleta que, de lagarta cativa em obscura meditação, transforma-se em crisálida e finalmente rompe seu envoltório saindo em movimento alado. Teresa, porém, não tem em mente o simbolismo comum da liberdade e da superação da morte. É uma metáfora sobre a transição entre o "já" e o "ainda não". Trata-se da flutuação entre o céu e a terra, que a amadurece e lhe conquista segurança, mas também a faz procurar por ajuda.

Nessa metáfora, parte dos conhecimentos contemporâneos sobre a ciência das borboletas, segundo a qual elas se alimentam de ar e amor, o que não proporciona nenhuma duração. Teresa escolhe o símbolo, porque a experiência da proximidade de Deus na contemplação é sempre curta — dura no máximo uma meia hora, como ela diz várias vezes —, mas é grande e transformadora em sua ação. A borboleta é o símbolo dessa experiência contemplativa e de seu efeito na vida. Sua descrição será apresentada aqui de modo detalhado, pois nela fica muito claro porque Teresa é, até a presente data, uma das melhores escritoras em prosa da Espanha:

"Passemos agora ao que acontece ao nosso bicho, que para chegar a isto vos disse tudo o mais. Quando está nesta oração — bem morto para o mundo — transforma-se numa branca borboleta. Oh, poder de Deus!, como não fica a alma só de ter estado um bocadinho dentro de sua grandeza, tão junta a Ele! Parece-me que nunca chega a passar assim meia hora mas em verdade vos digo que já a si mesma se não reconhece; e, realmente, vede a diferença entre um verme tão feio e uma branca borboleta, que é a que se nos depara aqui; a alma nem sabe como pôde merecer tamanho bem (ou melhor, de onde lhe veio, pois bem vê que o não merece) e sente uma tal sede de louvar a Deus que por Ele desejaria desfazer-se ou padecer mil mortes; começa logo a querer grandes tormentos e é um impulso irresistível: ardem-lhe desejos de penitência, de solidão, de que todos o conheçam; e daqui lhe vem uma grande pena ao ver como é ofendido. Oh!, mas ver o desassossego desta pequenina borboleta (apesar de nunca na vida ter estado mais quieta e sossegada) é coisa muito de se louvar a Deus. Não sabe onde pousar e assentar, porque, como já n'Ele repousou, tudo o que vê na terra a desgosta, especialmente se o Senhor lhe dá muitas vezes deste vinho; com efeito, de quase todas retira novos proveitos, deixando de estimar as obras a que enquanto verme se dedicava para tecer pouco a pouco o casulo. Nasceram-lhe asas e já sabe voar, como se contentará indo a passo? Assim, não admira que esta borboleta de novo esvoace em busca de pouso, tão estranha se acha entre as coisas da terra. Mas para onde irá a pobrezinha? Voltar para donde saiu não pode, pois, como se disse, eis o que não está nas nossas mãos, por mais que nos esforcemos, até que Deus seja servido voltar a fazer-nos esta mercê. Oh, Senhor, que novas provações não começam nesta alma! Quem diria, depois de tão subida mercê? Enfim, de uma maneira ou de outra, há de ser sempre a cruz, até ao fim desta vida; a quem, depois de aqui chegar, me dissesse que está sempre descansado e regalado, eu diria que nunca chegou" (5 M 2,1-4,6-9)[63].

No final do capítulo do "Castelo interior", Teresa volta ao tema da borboleta, referindo-se concretamente a ela mesma, e remete-se às obras e ações que lhe são caras, aos "grãos", como diz aqui, à semente das fundações dos mosteiros, ao esforço empreendido pelo mundo e pelos seus contemporâneos, para que possam "conhecer as mercês que Deus faz a quem o ama e o serve" (5 M 3,1).

No entanto, para que Cristo viva na alma em plenitude, a borboleta deve "morrer na mais completa alegria interior". A borboleta significa o estágio intermediário já maduro de um ser preso a Deus e agindo em favor de seus semelhantes, mas, que em sua vontade subjetiva, ainda está apegado à imperfeição do efêmero. E isso também terá de ser superado.

Compreensão

Em 1577, quando a santa inicia sua grande obra, o "Castelo interior" ("Castillo interior"), trata novamente de todas as fases da oração contemplativa. No início, diz com seu charme bem-humorado que se assemelha aos pássaros aos quais se ensina a falar: eles só sabem dizer a mesma coisa sempre! Que Deus a ajude a encontrar o novo, ou pelo menos a se lembrar, com sua má memória, do que já escreveu.

> "Se o Senhor quiser que eu diga algo de novo, Sua Majestade mo dará ou será servido trazer-me à memória o que algures escrevi; com isto já me contentaria, por tê-la tão má e porque muito gostaria de me lembrar de algumas coisas que me disseram que estavam bem ditas, para o caso de se terem perdido" (Prólogo do "Castelo interior"[64]).

Não por acaso menciona que no dia da Santíssima Trindade começa o que a sétima morada irá demonstrar. Nesse contexto cabe bem a "questão feminina" fundamental para Teresa:

> "Disse-me quem me mandou escrever, que as monjas destes mosteiros de Nossa Senhora do Carmo precisam de quem lhes esclareça algumas dúvidas de oração e que lhe parece que as mulheres entendem melhor a linguagem umas das outras, e que pelo amor que me têm farão mais

caso do que eu lhes diga; achando, por este motivo, que terá certa importância eu conseguir explicar-lhes alguma coisa. Assim, irei falando com elas no que escrever".

O assunto parece ter assumido importância para ela, pois escreveu muito sobre as regras do mosteiro ou sobre a necessidade da oração — sobre o que Deus opera na alma, não diz quase nada. Seria de grande ajuda saber mais sobre o próprio interior, com o qual cada um tem de conviver.

Teresa parte novamente da imagem do palácio, como imagem da alma, como já havia feito no "Caminho de perfeição" (vide p. 48). Mas esse palácio, ou esse castelo (castillo), tem uma estrutura incomum. Na realidade são muitos palácios, que ela chama de "moradas". Pois cada um deles tem "belos jardins, fontes, labirintos" — uma imagem que faz lembrar os castelos mouros. E o "labirinto" pode ser um indício de que o número sagrado sete, o mesmo das moradas, oculte uma quantidade infinita. Varia de acordo com a individualidade do andarilho que passa por elas.

Luz do centro

Não se atravessa esses locais de modo simples — essas moradas ou palácios, essas imagens da alma humana estão dispostas de modo concêntrico, ou melhor, esférico, em torno de um centro, "embaixo e em cima e dos lados" (7 M Conclusão, 3).

No centro, entretanto, encontra-se a morada em que tudo acontece. Aqui mora o grande rei, que iluminaria os palácios e os aposentos como um sol, se os primeiros não estivessem tão escurecidos por tanto "vermes", por tanta frieza e tanto pecado. Isso conduz, portanto, à purificação do início. A realidade da vida será mais fortemente inserida que nos primeiros métodos de oração.

Teresa adverte sobre o fervor imprudente e as críticas a outras pessoas, mas também sobre um rodear exigente e clamoroso em torno do próprio eu que necessita ser aprimorado, o qual não mais ergue o olhar para a bondade de Deus, perdendo assim as medidas certas das coisas. Somente na terceira "morada" chega-se à oração do recolhimento, na quarta, à oração da tranquilidade. Ambas foram deslocadas em dois níveis.

Essa *oração mental* não é de modo algum tranquila. Como ponto de comutação entre o "natural", movido pela própria ação do homem, e o "sobrenatural", movido pela ação de Deus, ela oculta o perigo da estagnação ou mesmo do retrocesso:

> "Vendo-os nesta boa disposição, o grande Rei que mora no castelo deseja — por suma misericórdia — trazê-los de volta a si; e então, qual bom pastor, com um assobio tão fino que mal dão por ele, faz com que mesmo assim lhe reconheçam a voz dizendo-lhes que deixem de andar tão perdidos e que regressem a sua morada; ora tal força tem este assobio que eles desamparam as coisas exteriores em que de si mesmos se alheavam, e recolhem ao castelo.
>
> Parece-me que nunca tão bem como agora dei a entender esta mercê, que é uma grande ajuda para procurarmos Deus no mais íntimo de nós mesmos, onde mais do que nas criaturas se acha e para nosso maior proveito, como diz Santo Agostinho, que aí o achou tendo-o procurado por toda parte. Não deveis, porém, julgar que o recolhimento se alcança por entendimento adquirido, insistindo em pensar que Deus está na alma ou através da imaginação, figurando-o dentro dela. Eis uma boa e até excelente maneira de meditar, pois assenta na verdade que é termos Deus dentro de nós mesmos, mas não estou a falar nisso agora; isso está ao alcance de todos — com a ajuda do Senhor já se vê" (4 M 3,2-3).

A santa quer deixar claro que se trata de um fenômeno, cuja iniciativa pertence completamente a Deus. Compara o sentimento surgido da experiência com o recolhimento de um ouriço ou de uma tartaruga[67], mas no fundo, assim ela crê, as comparações claudicam, pois os animais se recolhem quando querem, enquanto que a alma não pode dispor dessa liberdade.

Em geral, o chamado para o recolhimento interior é precedido de tentações. Sua opinião sobre isso é, sem querer, semelhante à de Lutero, do qual ela só ouviu falar: as primeiras tentações vencidas dão força suficiente para a fé e para o amor. Sem as tentações, "o diabo" também poderia ter seu trabalho facilitado após o momento de estado de graça espiritual vivenciado.

Especialmente nessa quarta morada, há muita coisa para se entender. O coração torna-se maior, toda a personalidade cresce e, mais claramente que nos primeiros métodos de oração, a santa faz-nos reconhecer que o intelecto e o pensamento não são idênticos. Se o último esvoaçar, o intelecto permanece tranquilo com as outras forças da alma junto a Deus, que o chamou. E Deus lhe dá mais compreensão que o intelecto poderia ter sonhado.

A alma está recolhida "em sua tranquilidade, em seu amor e plena de um lúcido conhecimento". Não queremos fingir que não temos juízo. Mas, segundo nossa experiência, sabemos que é Deus que começa a iluminar nosso conhecimento. Nesse ponto, Teresa retira suas metáforas da água da autobiografia, e reescreve-as de maneira simplificada. Ela mesma diz:

"Talvez eu esteja agora a contradizer, em parte, o que noutros lugares escrevi acerca destas coisas interiores; isso não será de estranhar, porque já lá vão quase quinze anos desde que primeiro as tratei e, entretanto, talvez o Senhor me tenha dado mais luz do que a que então me assistia" (4 M 2,7).

Agora há somente duas fontes. Uma delas é alimentada com água artificialmente. A outra foi construída sobre uma nascente, que enche o vaso da alma com água aos jorros, água que pode até ultrapassar as bordas como uma onda. Não foi feita, no entanto, para mergulhar o fiel que ora em estado de pleno prazer, mas sim para despertar e revitalizar as forças internas que então possibilitem a ele realizar boas obras — o que já o caracteriza como morador da quinta morada. Assim, a adaptação à vontade de Deus torna-se cada vez maior. A sexta e a sétima moradas, as do "noivado" e do "casamento", se entrelaçam. É sempre espantoso como Teresa D'Ávila descreve esses fenômenos íntimos, extremamente difíceis. Seus contemporâneos e a posteridade admiraram, sem dúvida, sua inesgotável originalidade. É claro que existem pesquisas islâmicas de alta qualidade que põem em dúvida essa originalidade, pois aparentemente pode-se comprovar a existência de precursores desse pensamento na antiga mística sufista. Luce López Baralt, uma discípula de Annemarie Schimmel, da Universidade de Porto Rico, ocupou-se especialmente das influências islâmicas na literatura espanhola. Em João da Cruz, essas influências ocorrem reiteradas vezes. O próprio método de expressar primeiro num poema o que foi vivenciado e depois comentá-lo em detalhes foi tomado por ele dos místicos islâmicos, os *sufis*. Naturalmente há que se considerar que os sufis não podem simplesmente ser equiparados ao islamismo. Sua religiosidade xiita é muito complexa e recebeu muitas influências, inclusive dos primórdios do cristianismo.

Com Teresa, que não frequentou a universidade e nem entendia outro idioma que não fosse o espanhol, sua língua materna, e que, como João da Cruz, tampouco viveu anos a fio na Andaluzia, repleta de influências mouras, não se espera que essas influências ocorram, ainda que se considere que o árabe só foi proibido como idioma nacional em 1566 e mesmo não levando em conta a larga influência dos "mouros", que lá viveram mais de 700 anos. O estilo mudéjar é inconfundivelmente uma consequência positiva.

Mas, e para Teresa? Já aludi ao traço "mouro" na descrição de seu palácio com jardins, fontes e labirintos (vide p. 66). E em seus escritos o palácio ou o castelo podem ter a aparência de um diamante ou de uma pérola oriental (cf. 1 M 1,1 e 1 M 2,1). Contudo, uma proximidade direta com os místicos islâmicos seria inexplicável.

Para, no entanto, comprovar essa influência, a professora López Baralt publicou em 1985 o seguinte tratado traduzido para o espanhol: o "Maquamat", de Abul Hassan al Nuri, de Bagdá, que coloca seus sete castelos de forma concêntrica em volta do ponto de convergência do "conhecimento místico de Deus". A obra é oriunda do século IX[68].

Em primeiro lugar, é surpreendente a concordância com as metáforas de Teresa. No entanto, é preciso que se saiba que o castelo é, tanto no oriente quanto na cultura cristã, um símbolo difundido da alma. Teresa pode ter lido sobre isso em Osuna ou em Bernardino de Laredo, autor igualmente estimado por ela, assim como na mística judia, o "Heckhalot", caso o tenha encontrado em casa de Pedro, seu letrado tio.

Entende-se naturalmente nessa simbologia que Deus, se o procurarmos no coração, encontra-se no ponto central absoluto. Teresa dispõe seus castelos ou moradas não só em círculo, mas de forma esférica em volta do centro. López Baralt esclarece que "maquam" significa morada. Mas as "moradas em casa de meu pai" já são bem familiares a Teresa, que as conhece do evangelho segundo São João[69], ao qual ela nos remete diversas vezes.

A limitação do número infinito ao muito especial algarismo sete é, por um lado, necessária por tratar-se da prova dos níveis de oração. Por outro, o algarismo sete se oferece como um caminho cristão de purificação por meio dos sete pecados mortais e das sete virtudes, dos sete sacramentos, das sete vezes sete absolvições, que Jesus recomenda. No Velho Testamento há os sete dias da criação e o sabá é observado no sétimo dia sagrado. No Apocalipse, o algarismo sete domina todas as grandes visões. Conhecidas de todos são as sete órbitas dos planetas, os sete céus da ascensão antes da entrada para a perfeição no oitavo, quatro vezes sete dias da semana nas fases da lua — não, Teresa não tinha de regressar ao islâmico século IX, para encontrar a morada de Deus na sétima posição. Sua hierarquia ética, religiosa e mística é também outra que a de Nuri de Bagdá. Na obra sufista trata-se, principalmente, de um constante avanço interior do místico em relação à fé e ao conhecimento de Deus, de um esforço para sempre se aprimorar. Na obra de Teresa, ao contrário, Deus é, a partir da quarta morada, o único responsável pela ação. Tudo acontece em outro nível, em uma atmosfera imprevisível.

Torna-se evidente: o "Castelo interior" não é nenhuma imitação de uma obra islâmica benemérita. Naturalmente, Teresa utiliza-se de símbolos conhecidos, como elementos construtivos — mas em um estilo próprio e fascinante para o ocidente.

De outra feita, parecem plausíveis as influências sufistas em João da Cruz, para não falar de Ramon Llull[70], que imitou a cultura islâmica conscientemente, porque queria criar ligações de evidência para sua missão.

Há, porém, uma extraordinária diferença no que diz respeito ao último acontecimento que levou à clarificação de Teresa e João. João remete-se a Osuna, com seu não pensar, e à teologia mística, com seu não saber. Mas a purificação imprescindível ocorre antes da admissão na *Unio mystica*, na sexta morada de Teresa, fértil em acontecimentos, a noite mais depressiva, a noite da falta de fé, que Deus inflige para que ocorra a clarificação do inconsciente. Somente uma centelha de amor conserva-se e é percebida como um martírio por aquele que perdeu a fé. Na realidade, significa a oportunidade iminente da revelação, o que, atualmente, representa uma visão mais compreensível, mais moderna da purificação, mais próxima de nós que a visão de Teresa nas páginas da "sexta morada".

Por que ela permanece mais tempo na sexta morada que em todas as outras? Não somente pelo seu significado. Principalmente porque dispõe ali de experiências ricas e inenarráveis, que a afligem. Em 1577, sente a necessidade de relatar essas experiências de memória, relatos nos quais o conhecimento sobre a segurança da presença latente retrocede um pouco. As imagens internas e as palavras são mesmo impressionantes. Há cinco anos, Teresa vive em união com Deus, segundo a compreensão apoiada em sua visão (vide especialmente p. 27). Essa compreensão se origina de uma maré de fenômenos místicos, penosos nas viagens das fundações, motivo para difamação, e percebidos pela santa em parte como uma graça, no entanto, mais como uma dura prova. Em vão pedia sempre a Deus que não a afligisse dessa maneira. O pedido tinha dois motivos: por um lado, a santa não gostava de ser notada, e enlevos, êxtases, levitações não podem ser ignorados. Na maioria das vezes, era atacada de surpresa no meio de suas atividades ou depois da comunhão, ou seja, em público. O segundo motivo para um pedido de indulgência era ainda mais pessoal: todos esses "fenômenos" comprovavam que ela ainda não estava à altura da completa proximidade de Deus. Tratava-se de um desvio para o aspecto físico, segundo a opinião de muitos. Teresa ainda não se encontrava à altura do "sobrenatural" nessa fase de provas do "noivado".

O noivo a cobria de presentes, embora, na perspectiva de Deus, estes nem sempre deem alegria, mas sirvam principalmente para trazer clareza sobre as próprias imperfeições. Com suas clarificações, Teresa não parece estar muito longe do caráter das clarificações de João da Cruz. Em ambos os casos, o ansiado Deus se torna um peso. Em João, devido ao muito pouco, nela devido ao demasiado, o que quase ninguém consegue entender.

Portanto, estaríamos nós hoje na sexta morada, diante de uma Teresa de difícil acesso, se não houvesse entre todos esses "fenômenos" surpreendentes as reações razoáveis da santa. Se fosse possível medir as experiências místicas pelos seus efeitos, estas seriam muito boas.

Especialmente porque as experiências "sobrenaturais" conduzem à humildade, pois é claro que elas são algo de grandioso, que não se poderia conseguir sozinho. A humildade é, para Teresa, uma coisa bem diferente que a modéstia. Pergunta por que a virtude da humildade é tão importante aos olhos de Deus e ela mesma responde:

"É por Deus ser a suma verdade e porque ser humilde é andar na verdade; ora, é bem verdade que, de nosso, não temos senão nossa miséria e o sermos nada; quem isto não entenda, anda em mentira" (6 M 10,8).

Salienta para suas filhas que não devemos perder esse conhecimento. Enfim, conhecimento, percepção e compreensão assumem um lugar cada vez mais importante em seu consciente. E isso é válido justamente, quando as experiências "sobrenaturais" foram muito intensas.

Nessa obra retorna ao "trespassar do coração" (vide p. 28). Do centro do castelo, comparados aos raios do sol, setas flamejantes atingem-na e traspassam-na — alegorias de um amor avassalador. O fogo desempenha agora um grande papel, insere-se plástica e simbolicamente em todas as suas obras, quando passa da plenitude da graça (água) ao crescimento do amor (fogo). Fogo e água unem-se já em sua autobiografia em um único parágrafo.

Aí, na sexta morada, as setas flamejantes causam um "doce tormento". Ele é tão forte que, ao se retirar as setas, parece que todo o interior vem junto. É uma intervenção tão profunda na vida, que desperta uma ânsia de morte — ânsia de não se ficar mais nenhum minuto separada de Deus.

Além disso, essas experiências que ultrapassam tudo que seja normal necessitam de proteção para a alma que se torna cada vez mais refinada, de outro modo elas seriam destruidoras. Essa proteção é a clareza espiritual, presenteada durante ou após a experiência. Teresa reconhece sua origem:

> "Aqui não há que perguntar se é coisa engendrada pela nossa natureza ou causada pela melancolia, nem tampouco se ardil do demônio ou capricho da imaginação, pois logo muito bem se entende ser um movimento procedente donde está o Senhor, que é imutável; por outro lado, seus efeitos não se assemelham aos de certas devoções em que a grande absorção no deleite pode suscitar dúvidas. Aqui os sentidos e as potências não estorvem e nada possam acrescentar à deleitosa pena, quer-me parecer, tal como não podem afastá-la" (6 M 2,5).

Do mesmo modo, não se pode fugir à palavra de Deus, é absolutamente impossível fingir que não a ouve. Não se deve ter medo de perdê-la no vivo ardor a serviço de Deus. Isso vale também para novas situações no tesouro dos fenômenos místicos. Por exemplo, Deus pode, com uma palavra, tocar a alma de tal maneira, que esta por um momento se purifique e Ele possa unir-se a ela por curto tempo, sem que alguém o perceba. Mas, para Teresa, isso significa algo novo:

"O que neste caso alcanço é que nunca se achou mais desperta para as coisas de Deus nem inundada por tão grande luz e conhecimento de Sua Majestade" (6 M 4,3).

Iluminação, luz e fogo se relacionam de forma íntima, e mais ainda quando a borboleta titubeante equipara a alma ao pássaro fênix, que arde no fogo do amor, para ressurgir das cinzas. Para tal, a ânsia de morte deve, no entanto, transformar--se. Para Teresa, trata-se de demonstrar no próprio exemplo o que é possível a uma mulher que cultiva a oração — numa época em que as mulheres eram consideradas um gênero humano inferior. Ela intercede a favor da aplicação de sua própria experiência:

"Manifestai vossa grandeza numa criatura tão mulheril e mesquinha, para que o mundo, vendo que nada vem dela, vos tenha de louvar" (6 M 6,4).[71]

Esse desejo, presente na sexta morada, retorna diversas vezes na sétima, tornando-se sempre mais manifesto. Embora — e essa é a novidade — os fenômenos místicos, tão familiares, agora terminem. A proximidade de Deus é, então, suportada. Teresa escreve uma introdução para a sétima morada:

"Já é bem grande a graça que nos concede ao manifestá-las a uma pessoa[72] pela qual podemos vir a tomar conhecimento delas, a fim de que quanto mais saibamos que Deus se comunica às criaturas tanto mais lhe louvemos as grandezas e nos esforcemos por não menosprezar umas almas com as quais tanto se deleita; na verdade, todos nós temos alma mas, por não a estimarmos como merece, qual criatura feita à imagem do Criador, também não entendemos os grandes segredos que encerra. Queria Ele pegar-me na pena — se for servido — e ensinar-me a dizer-vos um pouco do muito que falta — e Deus revela — às almas que introduz nesta morada. Bem lho tenho rogado e bem sabe que a minha intenção é fazer com que suas graças não permaneçam ocultas, para que seu nome seja mais louvado e glorificado".

Esse é o contraponto das poucas, modernas e grandes visões, que na sétima morada iniciam o estado de "matrimônio espiritual" ou *Unio mystica*. Teresa o sente como algo completamente diferente do que até agora conhecia. Ele também não é passageiro, mas permanece no interior como uma presença invisível. É verdadeiro, portanto. A santa narra-o de forma exata: primeiro veio a "santa humanidade de Cristo", então se experimentou toda a trindade divina — a última ocorreu sem imagem representativa, porém com muita nitidez, no mais profundo do íntimo. Cristo mostra-se no início ainda por meio de imagens, para que a alma possa compreender com precisão a graça que lhe foi concedida. Na realidade, segundo pensava Teresa, não era nada de novo. Entretanto, tomou essa experiência para dentro de si, até que se igualou a essa presença latente.

Novas parecem ser também as palavras, pelo menos já era tempo de ela tomar as coisas dele como suas e que Ele cuidaria das dela (cf. 7 M 2,1). Sobretudo o "lugar" da alma, onde Cristo aparece ressuscitado, é vivenciado de outro modo que no passado. Tudo ocorre em um profundidade nunca antes conhecida ou no "centro" ainda não experimentado do "matrimônio espiritual". Este se distingue do "noivado" na sexta morada pela sua indivisibilidade. As comparações deixam isso bem claro. As uniões simples já experimentadas eram como se alguém segurasse duas velas acesas, uma junto da outra. Elas formam uma única chama, desde que não sejam separadas novamente. Mas no "matrimônio espiritual" ocorre algo diferente:

"É como chuva caindo num rio ou numa fonte onde tudo se torna a mesma água e ninguém jamais poderá dividi-la ou separá-la, nem saber qual a do rio, qual a do céu; ou como um regato entrando no mar, de onde já não sairá; ou como muita luz vinda a uma sala por duas janelas abertas, que embora chegue dividida logo toda se torna uma só" (7 M 2,4).

Nesse ínterim, a santa revisou e aprofundou suas visões do matrimônio espiritual de 1572 e 1575 de maneira soberana. A nova versão literária diz mais que os primeiros relatos espontâneos das visões, pois é nesse interior de nova qualidade que Cristo aparece.

Fogo tríplice

Quando se trata da verdadeira experiência de admissão na *Unio mystica*, Teresa torna-se bem objetiva e teológica. Como no evangelho de São João, é a Santíssima Trindade que ela experimenta em seu mais profundo âmago, até agora tão fechado. Acentua que Deus não quer mais levá-la à submersão, mas deseja antes estimular sua compreensão. Vamos sentir a experiência de Teresa na íntegra, pois se trata, afinal, da experiência interior mais importante de sua vida:

> "Ora Sua Majestade, quando se digna fazer-lhe a mercê deste divino matrimônio, começa por introduzi-la na morada em que está e quer que não seja como das outras vezes em que lhe deu estes arroubos. (...) Nosso bom Deus já quer tirar-lhe as escamas dos olhos e que algo veja e entenda — misteriosamente embora — da mercê que lhe faz; introduzida nesta morada, por visão intelectual, aqui se lhe mostra a Santíssima Trindade — todas as três Pessoas — numa singular manifestação da verdade, por meio de um dilatado esplendor que começa por lhe tomar o espírito qual nuvem luminosíssima, onde essas Pessoas lhe surgem distintas; e, então graças a uma noção admirável que se lhe oferece, a alma percebe, com absoluta certeza, que são todas as três uma substância e um poder e um saber e um só Deus. Alcança assim com a vista, pode dizer-se, aquilo em que pela fé acreditamos, embora nada veja com os olhos do corpo nem com os da alma, pois esta visão não é imaginária e sim intelectual[73]. Aqui todas as três Pessoas se lhe comunicam e lhe falam, explicando-lhe aquelas palavras do Senhor, que vêm no Evangelho, dizendo que havia de vir, mais o Pai e o Espírito Santo, morar na alma que o ama e guarda seus mandamentos[74].
>
> Oh, valha-me Deus, que uma coisa é ouvir essas palavras e crer no que elas dizem, e outra, bem diferente,

entender deste modo como são verdadeiras! Cada dia se admira esta alma um pouco mais, pois nunca lhe parece que as divinas Pessoas saiam de ao pé de si, antes claramente vê — da sobredita maneira — que estão dentro dela, lá muito no íntimo; e sente em si esta divina companhia, numa fundura insondável, que, por ser ignorante, não consegue descrever.

De acordo com isto, parecer-vos-á que esta alma não anda em si mas sim tão extasiada que de nada mais se pode ocupar. Mas pode — e muito melhor do que dantes — de tudo quanto seja serviço de Deus; em lhe faltando ocupações é que se queda nessa deleitosa companhia" (7 M 1,1-8).

E mesmo que a presença da divina Santíssima Trindade não possa ser sentida constantemente em sua realidade, pois senão o ser humano não poderia dar continuidade a sua vida terrena, fica a consciência da presença latente, mais ou menos como se alguém estivesse com uma pessoa em um cômodo escuro e não a visse, somente sentisse que ele está ali. Deus cuida a fim de lhe "reabrir a janela do entendimento" (7 M 1,9).

Em seu relato, a santa não dá mais atenção às labaredas do fogo tríplice e a sua aparição como nuvem luminosa, ela está muito ocupada em cultivar a alma de suas "filhas".

O fogo lança, porém, sua luz em todas as experiências anteriores feitas com ele e que, como já demonstrado, se revezam com as imagens da água, sem que uma destrua o outro. Muitas das visões de Teresa com o fogo podem ter sido estimulantes para João da Cruz, ao escrever sua última e mais bela obra, as "Chamas vivas de amor"[76]. Um fogo de amor que vem de Deus, mas que o ser humano pode devolver como se fosse seu, pois para isso foi criado por Deus. Nesse fenômeno do amor entre

Deus e o homem, ou melhor, entre o amor tríplice e o humano, o próximo é incluído como uma consequência necessária.

Mas, em primeiro lugar, o cristão católico tem uma difícil tarefa com a contemplação do fogo. Pois há o fogo do inferno, do purgatório e o do amor. João da Cruz mostra como um único fogo é doloroso para os não clarificados, contudo para os clarificados torna-se cada vez mais sublime. Teresa ora vê um, ora vê o outro. É boa observadora, a chama do amor se transforma para ela em algo de especial, que provém do fogo e de maneira singular eleva-se aos céus, ou seja, a Deus (cf. R 5,10). O fogo pode também ser tão ardente quanto deleitoso, como o de uma fornalha acesa, na qual ela reconhece seu Deus (cf. 6 M 2,4). A centelha vibrante lhe serve principalmente para grandiosas imagens. Já havia lido tudo sobre "as centelhas da alma", estava familiarizada com as importantes obras da "*Devotio moderna*", a cuja postura ela dá continuidade, intensifica, modifica[77]. Centelhas da alma, centelhazinhas, *scintilla animae* e *apex mentis*[78] — todas elas estão ligadas ao alicerce mais profundo da alma, além de todas habilidades especiais, como Teresa as experimenta em sua visão constante da Santíssima Trindade ou como lhe foi revelado pelas setas chamejantes de Deus. É claro que a seta suscita um fogo poderoso, o fogo do amor de Deus. Produz simultaneamente uma ferida dolorida, uma dor bem-aventurada, pois esse fogo purifica.

Assim, na segunda estrofe de seu "Chamas de amor", João da Cruz fala da dor original da ferida, que se transforma em bem-aventurança. Em tradução interlinear de uma obra em prosa:

"Oh, ardor suportado com prazer!
Oh, ferida sentida com amor!
Oh, mão suave, oh terno contato,

Com sabor de vida eterna
E que perdoa todos os pecados:
Matando, tu transformas a morte em vida"[79].

É a continuação da seta flamejante de Teresa, é o sentido inicial das metáforas do fogo, antes que irrompa o poderoso fogo de Deus, não mais consumido pelos clarificados.

Teresa escreveu, para seu uso pessoal, as "Exclamaciones", seu livro de orações ou "Psalterium"[80]. Nele, volta mais uma vez ao contexto fogo — seta — ferida:

> "Oh, verdadeiro amigo! Com quanta piedade, com quanta doçura, com quanto deleite, com quanto regalo e com que grandíssimas mostras de amor curais as chagas que com as setas do mesmo amor fizestes! Com quanta razão diz a Esposa nos 'Cantares': 'Meu amado é para mim, e eu para meu amado'; porque semelhante amor não pode ter origem em coisa tão baixa como sou eu. Vós, verdadeiro Amado meu, começais esta guerra de amor. Oh, minha alma! Que batalha tão admirável travastes nesse penar, e como ao pé da letra é assim o que digo! Pois, se meu Amado é para mim, e eu para meu Amado, quem ousará meter-se a separar e extinguir dois fogos tão acesos? Será trabalhar debalde, porque já se tornaram um"[81] (E 16,1-4).

Não se pode dizer que a vida na *Unio mystica* fosse um paraíso. De maneira alguma. O pequeno céu da alma é algo diferente do grande céu de Deus, ao menos enquanto se permanece na terra. Teresa possuía uma consciência nítida das condições terrenas de sua *Unio mystica*: pode-se cair muitas vezes, ainda que seja só por pouco tempo. Experimentam-se dúvida e desordem internas, e principalmente: fica-se mais do que nunca atormentado por sofrimentos — por mais que tudo seja vivenciado de outra maneira na *Unio mystica*. No mais profundo interior do ser mora uma serena estabilidade. Mas a autora do "Castelo interior" tem de explicá-la às monjas:

"Convirá, irmãs, dizer-vos para que nos faz o Senhor tantas mercês neste mundo; pelos seus efeitos já o tereis entendido, se prestastes a devida atenção, mas quero insistir nisso aqui, não vá alguma pensar que Ele as faça só para deliciar estas almas; erro seria julgá-lo, pois Sua Majestade não pode dar-nos nada melhor do que uma vida à imagem da do Seu Filho bem amado; assim, tenho por certo que, como já disse, estas mercês são para fortalecer a nossa fraqueza, de modo a podermos imitá-lo no muito penar[82]" (7 M 4,4).

A sós com Deus

Os sofrimentos de Teresa na *Unio mystica* tinham principalmente dois motivos: por um lado a saúde que se desvanecia, pois não se havia tomado conhecimento do câncer de que ela veio a falecer, embora este já evoluísse há muito tempo, sem ser notado[83]. Além de outras indisposições. E, infelizmente, a Ordem progredia cada vez mais, porém seu prestígio nela diminuía. Já na fundação de uma província espanhola, Teresa nem sequer foi mencionada nos discursos e escritos. Todos os feitos sempre se atribuíam aos senhores espirituais (vide p. 62). Com exceção do padre Gracián, que salientou seu mérito em um escrito hábil e carinhoso: inteligência e conhecimento, ritmo e graça, senso prático, assim como cinquenta anos de experiência na vida espiritual, razão pela qual podia transmitir a verdadeira luz às filhas dos conventos fundados por ela[84].

Mas, e de resto? Autocracia de algumas madres superioras, infidelidade de algumas irmãs queridas, desprezo de onde ela esperava boa vontade — tudo isso enfrentou, de um modo geral, calada. Teresa está ficando velha. Sua vida, porém, está mais do que nunca marcada por uma atividade que ultrapassa suas forças. Assim, recomendou encarecidamente às irmãs no final da sétima morada:

> "Oh, irmãs! Quão esquecido deve ter seu descanso, quão pouco se lhe dará da própria honra, quão fora deve andar de querer que a estimem uma alma na qual o Senhor tão intimamente está! Pois se ela também está muito com Ele — como é justo — pouco lembrada andará de si mesma, dado que só pensa em contentá-lo um pouco mais e em como demonstrar-lhe o amor que lhe tem. Para isso é que serve a oração, minhas filhas, para isso este matrimônio espiritual, para dele estarem sempre a nascer obras, obras" (7 M 4,6).

Não necessariamente grandes obras, mas uma ação realizada com amor. Não com o desejo de servir ao mundo inteiro, mas ao próximo que se encontra mais perto.

Teresa realizava essas ações fundando outros mosteiros e escrevendo inúmeras cartas. Houve ainda mais quatro fundações depois de concluído o "Castelo interior". Uma quinta, em Granada, delegou a João da Cruz e à altamente talentosa Ana de Jesus, pois o caminho para Andaluzia era agora muito longo. Além disso, empreende como última fundação, juntamente com o padre provincial Gracián, o mosteiro de Burgos, que causou mais dificuldades que todos os outros.

A santa fala várias vezes sobre como se modificou em sua essência interior. As visões e êxtases tiveram seu fim. Talvez porque a ligação direta com Deus fosse agora uma coisa normal. Suas palavras podem dizê-lo melhor:

> "[A alma] anda tão olvidada de seu proveito próprio, que lhe parece ter em parte perdido o ser, tão esquecida vive de si mesma. No tocante ao corpo e à saúde parece ter mais cuidado, e menos mortificação no comer e nos exercícios de penitência; não que os desejos tenham diminuído, mas, tanto quanto se pode julgar, tudo com o fim do poder mais servir a Deus em outras coisas. Cessaram as visões imaginárias; mas a alma parece andar sempre com esta visão intelectual das três Pessoas Divinas e da Humanidade de Cristo; o que, a meu ver, é graça muito mais subida.
>
> Afigura-se-me estar vivendo só para comer e dormir e de nada ter pesar[85]; só me ocupo em amar a este meu Deus. Nisto não sinto diminuição; antes, a meu parecer, vai sempre crescendo seu amor, juntamente com o desejar que todos O sirvam.
>
> Isto acontece quase ordinariamente, a não ser quando alguma doença grave acabrunha por extremo, pois neste caso parece Deus querer algumas vezes que se padeça sem consolo interior; porém nunca, nem por primeiro movimento, vacila a vontade de que em tudo se cumpra a seu respeito o que for do agrado do Senhor. É tão possante este seu rendimento à Vontade Divina,

que não quer mais a morte do que a vida; a não ser, de passagem, quando a acomete o desejo de ver a Deus; mas logo se lhe representa com tanta eficácia como tem em si presentes estas três Divinas Pessoas, que esta certeza lhe mitiga a mágoa da ausência, ficando-lhe o desejo de viver, se Deus tal determinar, para sempre mais servi-lo. Assim digo: pudesse eu contribuir para que sequer uma alma O amasse e louvasse melhor por minha intercessão, ainda mesmo por pouco tempo, mais me importaria isto, creio, do que estar na glória do Céu"[86] (R 6).

Escreve esse texto cerca de um ano antes de sua morte, ou seja, em 1581. Em janeiro de 1582, com a temperatura próxima do ponto de congelamento, chuva e vento constantes, inicia sua viagem a Burgos — preferiria tê-la feito na primavera. Mas as circunstâncias da fundação em Burgos exigiam uma viagem e Gracián, preocupado com ela, acompanhou-a. Foi uma boa coisa, após longo tempo de penosa solidão. Essa solidão exprime-se claramente nas cartas. Teresa fala com franqueza, e logo depois de Jesus Cristo vem, como antigamente, nas visões, o padre Jerónimo Gracián. Escreve-lhe de Ávila em 10 de junho de 1579, isto é, entre Toledo e a viagem a Burgos:

"Oh! Que saudade se faz cada dia maior em torno de minha alma, por estar tão longe de vossa Paternidade, ainda que do Padre José [pseudônimo de Jesus Cristo em cartas pessoais] sempre me pareça estar perto, e com isto, bem sem contentamentos da terra e em muito contínuo tormento, vou passando esta vida. Vossa Paternidade já não deve estar nela, de tal modo o livrou o Senhor das ocasiões".[87]

Escreve ao padre "em linguagem figurada", cerca de dois anos antes de sua morte, que ela está triste porque ele retribui mal seu amor. A queixa vem em 22 de maio de 1581, de Palencia, mosteiro fundado por ela:

> "Confesso, meu Padre, que, afinal de contas, a carne é efêmera e se entristeceu muito mais do que eu quisera. Ao menos até deixar-nos em casa nossa poderia vossa Paternidade diferir sua partida, pois oito dias mais cedo ou oito dias mais tarde, não tinha importância. Muita saudade nos deixou aqui. (...) Na verdade não me sinto agora capaz de escrever acertadamente, nem tenho gosto para tal. (...) Vou perdendo o gosto a tudo, porque, enfim, a alma sente não estar com quem a governe e alivie"[88].

Sossego e paz, diz ao final da carta, somente Deus lhe poderia "devolver" ou alguém que a compreendesse tão bem como o padre. Sua ausência e todo o restante tornam-se agora uma pesada cruz, como ela não desejaria para ninguém.

Felizmente não imagina o que acontecerá com ele no futuro (vide p. 60). Ou talvez um pouco, pois estava sempre preocupada com ele, como se fosse uma criança. A carta anunciava grande dissabor com o que seria mais tarde seu sucessor e inimigo imortal, a cuja inveja e ódio ele deve sua expulsão da Ordem e todas as ameaças existenciais: Nicolas Doria[90], um ex-banqueiro de Gênova, que Teresa, sempre envolvida em transações financeiras, acolhera em sua congregação. Mas, então, ocorreu o seguinte:

No capítulo referente a Alcalá de Henares, Doria foi dado a Gracián como "Definidor", como era de costume nesses ofícios. Então, devido a "tarefas importantes" dividiram-se, no fundo não se davam; de um lado o "cientista" de boa índole e de outro o "banqueiro" intriguista. Gracián havia nomeado Doria como prior de Pastrana, Doria opôs-se e expôs à madre Teresa, por carta sob a luz de sua indignidade, que ele não era pessoa adequada para tal posto. Ela respondeu-lhe no final de março de 1582, de Burgos:

> "Muito me contentou a humildade da carta de vossa Reverência, mas nem por isso pretendo fazer o que pede, para que aprenda a padecer. Olhe, meu Padre, todos os princípios são penosos, e assim o será esse por enquanto a vossa Reverência.
> Desse inconveniente que, segundo vossa Reverência me diz, trazem consigo as letras, grande desgraça seria se, em quem as tem tão poucas, já se verificasse essa falta. Quem tão depressa dá mostras disso, melhor fora nada saber. Não pense vossa Reverência que consista o acerto do governar em conhecer sempre suas faltas: preciso é que se esqueça de si muitas vezes e se lembre de que está em lugar de Deus, para fazer seu ofício. (...) Não se faça de escrupuloso, nem deixe de escrever a nosso Padre [Gracián] tudo o que lhe parecer"[91].

Pois, devido a essa carta enérgica, Doria vingou-se radicalmente de Gracián mais tarde! Teresa teve de suportar as mais árduas fadigas e perigos na viagem a Burgos, como uma carroça atolada na lama ou a travessia do rio próximo a Burgos, com seu grupo de ajudantes, embora a ponte sobre o Hormazas, um afluente do Arlanzón, que fora mais atacado pela enchente, houvesse sido coberta pelas águas e não estivesse mais visível! A confiança que a madre depositava em

Deus venceu qualquer medo e os companheiros de viagem confiavam nela.

A fundação se estendeu por "infindáveis" sete meses, o arcebispo não cumpriu sua palavra, e quando tudo estava pronto e bem arrumado, o rio Arlanzón ultrapassou suas margens e inundou a nova casa!

Teresa suportou tudo corajosamente, o diplomático Gracián deu o melhor de si, até que outras dificuldades o chamaram para o sul. Teresa fica em Burgos até que tudo "corra" normalmente. Mas reclama muito, de forma acentuada — mais do que antes — dos sofrimentos físicos. Esforça-se para ver o lado bom das coisas.

"Não tenho por mal que", escreve em maio de 1582, "entre as prosperidades, envie Deus alguma adversidade, pois por este caminho tem levado todos os seus escolhidos" (Carta a Diego de Montoya em Roma, final de abril de 1582).

Em relação à viagem a Burgos, conta sobre os preparativos,

"O fato é que me sinto espantada e pesarosa, e chego a me queixar muitas vezes a Nosso Senhor, ao ver o muito que participa da enfermidade do corpo a pobre alma. Dir-se-ia que lhe há de estar sujeita e guardar suas leis, tais são as necessidades e achaques que ele lhe opõe.

Tenho este por um dos grandes trabalhos e misérias da vida, quando não há espírito valoroso que sujeite o corpo; pois ter males e padecer grandes dores, embora custe, nada é se a alma está alerta, porque se põe a louvar a Deus e considerar que tudo lhe vem de sua mão. Terrível coisa, porém, é, por uma parte, sofrer, e, por outra, estar incapaz de qualquer obra; especialmente para a alma que se viu com grandes desejos de não ter descanso interior nem exterior e de se empregar toda no serviço de seu grande Deus. Aqui nenhum outro remédio há senão ter paciência, conhecer sua miséria, e abandonar-se à vontade de Deus, para que se sirva dela no que quiser e como quiser" (F 29,2-3).

Desde que Teresa chegou a Burgos sua enfermeira Ana de Jesús pressentira quanto prejuízo lhe causava o câncer. Devido ao esforço da viagem, foi preciso imputar-lhe a desagradável presença do médico. E em uma parte de seu íntimo doente ouvia: "Agora, Teresa, sê forte!". Assim estando ela uma vez com esses pensamentos depois da comunhão, ouviu: "De que duvidas? Isto já está acabado; bem te podes ir"(F 31,49).

Teresa entende que Deus continuará ajudando e fixa a data de sua partida, porque julga ser apenas uma carga pesada no mosteiro. Na realidade queria ir primeiro a Ávila para descansar, antes de se pôr novamente a caminho de Salamanca e Alba de Tormes, onde havia discórdias em profusão e queria "distinguir os que tinham razão dos outros". Também Gracián restituíra a paz em Ávila. Mas então chegou uma contraordem de seu representante em Castela, Antonio de Jesús. A duquesa de Alba queria a amiga Teresa junto de si, pois o nascimento de um neto seu estava iminente, o que temia, por motivos físicos e políticos[92].

A notícia alcançou Teresa em Valladolid, onde ela, devido a brigas na família por motivo de herança, havia sido colocada na rua pela madre superiora Maria Bautista, uma parenta sua. Havia fundado este mosteiro em 1568. E agora lhe bradavam para que nunca mais tentasse colocar seus pés além da soleira!

Como relata Ana de San Bartolomé, estava profundamente transtornada e seguiu obedientemente seu caminho para Alba; era o dia 15 de setembro de 1582. Em Medina, houve novos aborrecimentos com a madre superiora, a quem uma fundadora enferma era algo indesejável. Finalmente, em 20 de setembro, chegou a Alba de Tormes. Estava tão exausta que se dirigiu imediatamente à cela reservada para ela e deitou-se. Só Ana de San Bartolomé e sua sobrinha Teresita, filha de seu falecido irmão "peruano" Lorenzo, que a madre da Ordem já havia tomado aos seus cuidados há anos, cuidaram dela. Sua irmã consanguínea Juana, a mais jovem, de cujo parto morrera sua mãe, visitou-a. Veio também a duquesa de Alba, para ajudar no tratamento. A nova madre superiora do mosteiro, Inés de Jesús, ao contrário, não apareceu. Era jovem ainda e, por ocasião de sua escolha, aborrecera-se com os conselhos francos da madre. Ali a santa, moribunda e isolada em sua cela, arrastava-se ainda de manhã para a comunhão. Por fim, o médico e os sofrimentos físicos ordenaram-lhe que ficasse na cama. Recebeu a extrema-unção do padre Antonio de Jesus, que veio às pressas. Padre Jerónimo Gracián ainda estava longe.

Na noite de 4 de outubro, uma hemorragia, que parecia não querer findar, encerra uma vida que se derramou por Deus. O fim foi pacífico, Teresa colocara sua cabeça nos braços da enfermeira. Últimas palavras? O tranquilo sussurrar do salmo 51 é sempre um bálsamo seguro para os últimos dias: "Não desprezeis, Senhor, um coração contrito..." (V 19). Além disso, a frase muitas vezes relatada e enfatizada: "Senhor, sou uma filha da Igreja". Uma palavra de devoção? Ou uma palavra de defesa? "Eu sou uma 'conversa' — na verdade não tinha direito de entrar na Ordem das Carmelitas. Mas, afinal, sou uma filha da Igreja".

A mais convincente de todas seja talvez a visão do padre Gracián após sua morte[93]. Santa Teresa apareceu-lhe para dizer que era seu coração que não mais podia suportar o excesso de amor de Deus[94].

Obras Regidas Pelas Mãos de Deus

O que Teresa não revelou

Será possível escrever a biografia[1] de uma pessoa que redigiu uma autobiografia de fama mundial? Praticamente não, a não ser que... Este tal "a não ser que" deve ter dito a si mesmo o primeiro editor de Teresa, o grande poeta renascentista e teólogo frei Luis de León. Pois esse monge agostiniano não sofreu de arrogância, porém foi tentado a isso. Tentou escrever a biografia até que, depois de algumas páginas, a morte retirou de sua mão a pena! Devemos dizer: "Graças a Deus"? Porque essas páginas funcionam apenas como uma reprodução. Ou diremos: "Que pena"? Pois a vida de Teresa foi além de seu próprio relato, o qual não inclui os 19 anos mais importantes, nos quais sua verdadeira carreira como reformadora e santa se desenvolveu. Mas Luis de León, esse admirador altruísta de Teresa, não foi tão longe. E também não a conheceu pessoalmente, como escreveu no prefácio de sua edição de 1588: "Eu nunca vi nem conheci madre Teresa enquanto ela vivia". No entanto, Frei Luis pensava que a conhecia bem, tanto por meio de suas ações, bem como de suas obras.

Sobre as ações, disse: "É realmente algo de novo e inusitado, que uma mulher fraca tenha tido a coragem de realizar tão grandes empreendimentos. E que tenha agido de forma tão sábia e hábil, que conquistou o coração de todos que a encontraram.

Assim pôde introduzir Deus e atrair as pessoas, mesmo contra a fraqueza das naturezas que oferecem oposição".

E sobre as obras, disse esse sábio: "no significado, assim como na sensibilidade e clareza do tratamento de seus temas, supera muitos homens famosos. Sim, eu me pergunto se no nosso idioma há obras equivalentes a sua expressão linguística, à pureza e leveza de seu estilo, à graça de suas bem colocadas palavras, à elegância natural que encanta ao máximo. Sempre que leio esses livros, surpreendo-me com algo novo e muitas vezes parece-me que percebo mais que o espírito de um ser humano. Tomo por certo que em muitas passagens o Espírito Santo fala por meio dela, que conduz sua mão e sua pena. Isso se revela à luz com a qual ilumina a escuridão e pelo fogo com que ela, com suas palavras, incendeia o coração do leitor"[2].

Frei Luis sabia exatamente o que fazia. Queria tratar de mais assuntos que os relatados por Teresa, e deu a sua biografia o título: "Da vida, morte, das virtudes e milagres de Santa Madre Teresa de Jesus". É, ele, na realidade já escrevera *Santa Madre Teresa*, 26 anos antes de sua beatificação e 34 anos antes de sua canonização, mas menos de sete anos depois de sua morte! E as vinte páginas que foram permitidas ao mestre, ou seja, ao professor Luis de Leon escrever, não dizem nada? Eu encontro nelas a seguinte alusão: "Se ela escreveu sobre si mesma o que era significante para seus confessores, que a testavam, não escreveu tudo. E alguma coisa a modéstia lhe proibiu de dizer"[3].

Somente a modéstia? Nós sabemos atualmente que a autobiografia de Teresa não é tão espontânea e sincera como seu estilo nos faz supor[4]. Como isso seria possível num relato biográfico, o qual, como a própria Teresa conta, levou-a a pedir conselho a um inquisidor (vide p. 33).

Essa conversa deu-se na virada do ano de 1562/63. Teresa escrevera em outubro de 1560 a primeira de suas "Cuentas de conciencia" ou "Relaciones", relatos de experiência interior para seus confessores. Com isso, iniciou na realidade a "Vida", a primeira versão de autobiografia perdida, escrita no começo de 1562 em Toledo, quando a pedido de seu provincial passava alguns meses em casa de uma abastada dama da alta nobreza, Luisa de la Cerda que, após a morte de seu esposo, esperava encontrar consolo em Teresa.

Os confessores ficaram impressionados com os primeiros relatos e com a extraordinária capacidade da autora de expressar os assuntos sobre seu interior de forma tão perfeita e levaram-na a escrever e apresentar sua biografia completa até aquela data, o que fez após sua volta para Ávila, no final de 1563. Essa segunda versão nos foi transmitida. As reações dos religiosos oscilam entre a admiração e o medo, o "*tremendum et fascinosum*" do sagrado mostravam-se ali. Assim, Teresa ficou insegura e por isso, como já mencionado, o pedido ao inquisidor, que lhe recomendou mostrar tudo ao mestre João de Ávila na Andaluzia, o que depois de algum atraso aconteceu.

João de Ávila era experiente no trato com a Inquisição, seu melhor livro, o "Audi filia", que Teresa conhecia e apreciava, caíra outrora no Índex e ele próprio, originário de uma família de judeus convertidos, passou anos na prisão, voltando, no entanto, brilhantemente justificado e com a saúde abalada, à tarefa de "apóstolo da Andaluzia", como era chamado. Tanto descuido num relato biográfico seria insensato, Teresa sabia disso.

O que traz e o que oculta esse "Vida", título de seu livro em espanhol? Teresa não começou, como se esperaria de um relatório confessional, com o próprio desenvolvimento religioso, mas, como no romance picaresco autobiográfico de sua época, bem-sucedido e que gozava de grande popularidade, a introdução referia-se à casa paterna. Ela possuía, como está no livro, pais virtuosos e tementes a Deus.

O que no romance picaresco seria uma mera ironia, na obra de Teresa era para ser levado a sério. Mas Teresa, ao contrário desse gênero literário, não se aprofunda nos nomes dos pais e antepassados. Frei Luis cita apenas o nome Cepeda da linhagem feminina, mas não Sánchez, o que corresponde em espanhol a "Santos", porém Juan Sánchez, o nome do avô paterno. Por que toda essa omissão? Muito simples: o avô de Teresa era um judeu convertido de Toledo, um rico comerciante de tecidos que a Inquisição obrigou a se expor nas ruas como penitente. Depois disso, deixou com sua família a cidade e estabeleceu-se em Ávila, onde possuía parentes. O pai de Teresa tinha, na época, cinco anos de idade, havia recebido o batismo cristão, como todos os filhos de Juan Sánchez que, como convertido, voltou para sua religião. Assim como todos os convertidos à força, motivo pelo qual os reis católicos Ferdinando e Isabel instauraram em 1478, com o apoio da Igreja, a Inquisição espanhola, para servir a seus objetivos políticos. Era evidente que muitos judeus, forçados a escolher entre a emigração e a conversão, preferiam a conversão aparente a ter de abandonar sua pátria. Afinal, sentiam-se como espanhóis.

A família Sánchez de Cepeda empenhou todos os seus esforços para que parassem de chamá-los de "los Toledanos" em Ávila. Desistiram do comércio de tecidos, compraram um título de nobreza, e esforçaram-se, como fidalgos cristãos, por viver de "renda". Entretanto, o pai de Teresa, Alonso, teve de mover um duro processo para manter o título de nobreza adquirido por seu pai. Na apresentação de provas foi uma evidência favorável o fato de ele, durante seu primeiro casamento, ter prestado serviço militar ao reis católicos de Castela e Leon e, no lombo do cavalo e da mula — o último para carregar armas —, tenha participado da bem-sucedida batalha.

Essas certidões que atestam a origem cristã significavam uma importante medida de proteção, pois os convertidos ou "novos cristãos" eram sempre alvo de perseguições e não tinham os mesmos direitos civis e fiscais que os fidalgos da baixa nobreza, os "velhos cristãos". Na época desse enervante processo, Teresa tinha quatro anos[5].

Em "Vida", não conta nada sobre a casa em que nasceu, a ex-Casa da Moeda à margem do antigo bairro judeu, que seria demolida, por perigo de desmoronamento, já no século seguinte. Teresa vai direto às características dos pais e irmãos e diz: "éramos três irmãs e nove irmãos", mas não cita que os dois mais velhos, María e Juan, eram filhos da primeira mulher de seu pai, abatida pela peste em 1507.

A mãe de Teresa, uma prima distante da mulher de Dom Alonso, era verdadeiramente originária de uma família nobre de velhos cristãos. Ela provinha de Olmedo, perto da cidade real de Valladolid, mas seu pai possuía terras em Gotarrendura, 6436 m ao norte da cidade de Ávila. Dona Beatriz de Ahumada trouxe uma grande parte desses bens para o casamento, além de um pombal e inúmeras ovelhas. A família passava o inverno principalmente na casa de campo de Gotarrendura, provavelmente porque era mais fácil de aquecer, pois os invernos em Ávila, situada a 1000 metros de altura, eram rigorosos. As crianças tinham "aulas" com seus pais.

Teresa não cita a casa de campo em "Vida", só mais tarde fala em uma carta sobre sua venda (cf. Cta. 2,14). Para ela, trata-se de mostrar aos confessores e, em última instância, ao mestre João de Ávila, sua família cristã e honrada, mas não todos os aspectos das fases de sua vida. Assim, ressalta no pai a educação, cujo sinal mais forte é sua valiosa biblioteca, sua misericórdia com os pobres e sua já moderna aversão à escravidão de mouros em famílias nobres abastadas, fato comum na época. Ele era nobre em sua conduta, não praguejava, evitava difamações.

Sobre a mãe, relata que apesar de sua beleza e juventude se importunava com tantos nascimentos e doenças, vestia-se como uma velha, com extremo mau gosto, mas — para compensar — lia com a filha romances de cavalaria, o que o pai não poderia ficar sabendo. As duas mulheres eram muito dedicadas a essa leitura desses "romances policiais" dos séculos XV e XVI, e o pai tinha razão para não querer que cultivassem tal leitura, pois, por um lado, a grande ênfase desse gênero estava na fuga da realidade da vida e, por outro lado, a moral saía prejudicada no campo do "amor". O aspecto heroico era temperado com "sex and crime" e não tardou muito até que Cervantes desse a esse gênero um fim interessante e profundo.

Ambas usufruíam nessa leitura também de um raro privilégio para as espanholas da época, o de saber ler e escrever. Somente três por cento eram capazes disso, mas Teresa considerava essa habilidade uma coisa natural. O pai, com o qual tinha uma estreita ligação ("nós éramos um só ser" —V 7,14) cuidava discretamente da educação de seus filhos, como era de se esperar de um judeu decente. Mesmo com as mulheres mais cultas e privilegiadas, a vida se passava sem regalias. Sentavam com as pernas cruzadas em tapetes e almofadas, a cadeira era reservada ao dono da casa[6]. A Espanha se havia orientalizado ao longo dos setecentos anos de assimilação dos mouros, o que, no entanto, não ajudou a melhorar a posição da mulher.

Infelizmente, no final de 1528, após o nascimento da filha mais jovem, Juana, a mãe faleceu na casa de campo de Gotarrendura, com apenas trinta e três anos. Teresa, que veio ao mundo em 28 de março de 1515, tinha quase catorze anos na época dessa dura perda, mas em sua memória, não contava ainda doze anos de idade. A seus olhos, certamente parecia muito pequena e abandonada e relata como suplicou à mãe de Deus que a aceitasse como filha. Um primeiro passo, pode-se dizer com um olhar retrospectivo, em direção à Ordem Carmelita, dedicada à mãe de Deus, mesmo que o profeta do Velho Testamento, Elias, seja seu lendário fundador. Isso está relacionado ao Monte Carmelo na Palestina, onde a Ordem se originou de um povoado de eremitas agrupado em torno de uma capela de Nossa Senhora.

Naturalmente, Teresa menciona os primórdios pueris de sua devoção — de forma sucinta, porém elucidativa. A hagiografia ampliou mais tarde esses conhecimentos. Por exemplo, a emocionante história da fuga com seu irmão favorito Rodrigo, para morrer como um mártir na terra dos mouros. As crianças foram pegas nos muros de Ávila, segundo relatam os biógrafos. Teresa, ao contrário, fala em sua biografia de forma melancólica de uma cogitação sobre uma aventura, infelizmente impossível por causa dos pais. Ela tem consciência de seu lado sério, assim como do não sério de seu início no cristianismo. O sério se expressa pelo medo da palavra "eterno", o não sério pelas brincadeiras como eremitas e freiras, pelos desejos heroicos baseados nas vidas dos santos. Para ela está claro que não se trata aqui do amor de Deus, mas de uma ação que ela, no fundo, considerou ter um preço "vantajoso": os santos davam pouca importância aos valores temporais, para em troca ganhar a eterna glória de Deus (cf. V 1,5)!

Sua posição na época da entrada para o mosteiro, em 1535, não era diferente. Carregava, como ela própria escreveu, um "temor miserável", que só mais tarde, quando aprendeu e cultivou a oração contemplativa, foi paulatinamente eliminado por crescente amor de Deus/Cristo. Mas quando deixou a casa contra a vontade do pai, para viver futuramente como monja da Ordem Carmelita no grande e bonito Mosteiro da Encarnação (Santa María de la Encarnación), diante dos muros de Ávila, achou tudo isso melhor que um casamento. O exemplo da jovem mãe doente, que todo ano dava à luz um filho, deve tê-la influenciado. Além disso, sentiu-se abandonada desde que seus irmãos, principalmente o querido Rodrigo, começaram a emigrar para a América do Sul, em parte para lutar nas guerras, em parte para auxiliar na construção das colônias. A missão nas terras dos "infiéis", consideradas províncias espanholas, só era permitida aos "velhos cristãos", o que elevou o conceito da família. Infelizmente, Rodrigo veio a falecer nesse empreendimento — sob a ótica de Teresa, um destino de mártir. Lorenzo, que emigrou poucos anos depois, tornou-se logo o braço direito do vice-rei do Peru. Ele recebeu altos cargos, terras e direitos de cidadania em Quito (Equador, antigamente "Peru").

No Mosteiro da Encarnação Teresa encontra a mãe de Deus e uma "muito querida amiga", Juana Suárez, que já pertencia às irmãs mais antigas. E finalmente é o senso comercial prático de sua família do lado paterno que ela transfere para o campo religioso: a moeda da arriscada prisão mundana é trocada pelo ouro da Ordem que seguia os mandamentos de Deus. Teresa ainda está tomada pelo pensamento de eternidade, diante da qual reconhece a vaidade e a nulidade das coisas terrenas, em que tudo acaba rapidamente. Na verdade, não tinha nenhuma vontade de se tornar monja. Mas compreendeu que, visto de modo objetivo, seria o melhor e o mais seguro a fazer (cf. V 3,7).

Duas experiências importantes levaram-na a tomar a decisão: depois da morte da mãe, o pai, que via a filha deslizar em vivas superficialidades e perigo na convivência com jovens parentes, enviou-a ao mosteiro das agostinianas, "Santa María de la Gracia", para continuar seus estudos. A própria Teresa não pôde relatar o quanto achava bonitos, charmosos e atraentes seus amigos. Falou apenas sobre a extrema vaidade na vestimenta, nas joias, no penteado, ao se perfumar. De tudo isso restou mais tarde a agradável tendência para o perfeito asseio em seus mosteiros e com suas "filhas".

A estada no pensionato das agostinianas foi importante para sua tomada de decisão. Ali, uma irmã prudente e inteligente, preenchida pelo verdadeiro amor divino (María de Briceño y Contreras), deixou uma profunda impressão em Teresa, na época com dezesseis anos. De modo vago e ainda indecisa, mesmo assim começou a pensar na própria vida num mosteiro, mais tarde — lá, onde morava a amiga Juana, ou seja, o Mosteiro Carmelita da Encarnação de Ávila.

Sua estada com as agostinianas, que cada vez mais lhe agradava, terminou repentinamente devido a uma doença. Teresa teve de regressar para a casa de seu preocupado pai. Os esforços de cura foram acompanhados de viagens, assim veio parar em casa de seu tio Pedro de Cepeda, como o pai, um espírito judeu altamente erudito e empenhado seriamente em construir um sentimento cristão. O tio viúvo queria entrar para a Ordem dos dominicanos, que entretanto o recusaram. Foi, então, mais tarde para os jeronimitas, pois a Ordem de Jerônimo aceitava convertidos, uma exceção naquela época. Teresa não mencionou isso, teve de ocultar sua origem, tanto no Mosteiro da Encarnação quanto diante da Inquisição.

Quando visitou o tio Pedro, este deu-lhe vários bons livros para leitura, pois desde a infância até o fim de sua vida foi uma leitora apaixonada. Muitos livros tinham conteúdo ascético. O tema dessas obras era, escreveu Teresa, "Deus e a vaidade mundana" — não correspondiam a seu gosto, como admitiu, mas eram tão impressionantes que não conseguia livrar-se dos efeitos que causaram.

O que ocorreu aqui com Teresa pode ser mais bem compreendido com uma consulta ao livro de Américo Castro, um grande mestre das ciências humanas da metade do século XX. Castro já se havia pronunciado sobre a suposição da origem judia de Teresa, antes de serem encontradas as reveladoras pastas do processo, em 1946. Viu certas características básicas nela e em seus parentes em linha paterna, que lhe eram bem conhecidos devido as suas pesquisas sobre os judeus na Espanha: a convicção da vaidade mundana e da efemeridade da vida em oposição à alta valorização da pessoa e de seu interior prepararam o terreno para o motivo do "desengaño", determinante para o século XVII, engano e necessário "desengano", como Calderón formulou em seu "A vida, um sonho". Teresa foi aqui uma precursora, a palavra da vida como um sonho encontra-se diversas vezes em sua obra.

Castro escreve: "Foram os convertidos que secularizaram a desconsoladora ascese da Bíblia e da Idade Média e que implantaram na futura Espanha o sentimento de que o mundo nada mais é que engano e caos"[7]. O convertido Juan de Mena (século XV) diz, por exemplo: "Um cego após o outro, um palhaço depois do outro, assim nos pomos à procura da felicidade; quanto mais temos, menos possuímos, tudo se compara a um sonho e a uma sombra da lua"[8]. No romance picaresco do judeu Mateo Alemán (século XVI), diz o protagonista: "O filho de ninguém, que se ergue do pó da terra, um vaso frágil, esburacado, rachado. — Eu transformo o perfume da violeta em veneno, maculo a neve e, com meu pensamento, maltrato e aniquilo a rosa fulgurante"[9].

O filho de "ninguém" é o contrário do "filho de algo", do filho do prestígio, do *hidalgo* (originalmente fijo d'algo, uma formação lexical paralela ao árabe "ibn", com uma adição). Um "alguém" significa, pois, a baixa nobreza. "Por motivo de autodefesa", confirma Castro, "muitos convertidos fizeram-se passar por fidalgos. O convertido espanhol dos séculos XV e XVI emitiu tons sombrios, porque as circunstâncias fizeram dele um pessimista e obrigaram-no a remontar às mais profundas raízes de seu ser. Que o judeu se expresse dessa maneira não é nada surpreendente, a surpresa é que o cristianismo espanhol se envolva mais e mais na escuridão, até alcançar uma negação do mundo que não se encontrava muito distante do niilismo e que, em vão, procuramos na França ou na Itália"[10].

Pode-se ler, tanto na vida e obra de Teresa, quanto em João da Cruz, o qual supõe-se que tenha tido o mesmo ou um pior estigma familiar (porém não comprovado), como a postura ascético-pessimista da fuga do mundo paulatinamente se transforma por meio da oração contemplativa em amor a Deus e a sua criação.

E aqui se pode explicar, segundo me parece, o segundo grande ponto não mencionado por Teresa. Ela sempre reclamou em seu "Vida" dos grandes pecados e da distância de Deus, até os 40 anos de idade, quando em seu oratório, diante da estátua de Cristo coberta de chagas, uma transformação manifestou-se, o que com razão denominou "conversão", baseando-se em Agostinho. A conversão da convertida! A consciência do pecado, constantemente acentuada, não é mera "humildade" ou cuidado diante dos examinadores da Inquisição. Tampouco se trata de uma ânsia de perfeição própria dos santos. Hoje em dia, em face de suas queixas intensivas dos pecados, nas quais aparece repetidamente também a palavra pecado mortal, que oscila entre a afirmação e a negação, o homem chega com muita facilidade a suposições modernas e picantes. Mesmo os confessores de Teresa perceberam que ela sempre falava de seus graves pecados, sem nomear claramente um único sequer — pois sua satisfação na conversa com visitas na casa dos pais e mais tarde no mosteiro não valeu muito como justificativa para os "eruditos" religiosos, que Teresa tinha em tanto apreço.

No entanto, se lermos suas lamentações estendidas por mais de 200 páginas com os olhos de um conhecedor de sua problemática situação como convertida, tudo assume um outro aspecto, até o suspeito sigilo. Nesse caso, um sigilo involuntário, mas inconsciente, pois Teresa não sabe que no fundo de sua alma duas grandes tradições espanholas se encontram em conflito: a cristã e a tradição sombria dos marginalizados judeus convertidos. De acordo com esta última, Teresa cultivava a profundeza de espírito, e imprimiu com isso nova tônica a seu tempo. Assim como para os judeus, para ela também significam o mundo, o corpo físico e a vida inicialmente um obstáculo quase intransponível para o verdadeiro empenho. "Vivo sin vivir en mí, y tan alta vida espero, que muero porque no muero" ("Vivo sem viver em mim e tão alta vida espero, que morro por não morrer"), versos compostos nos moldes de sua tradição contemporânea. João da Cruz retomará mais tarde esses versos, para se aprofundar neles.

O "pecado" de Teresa, a seus olhos talvez até um pecado mortal, é a separação de Deus, normal para todas as pessoas, enquanto não viverem na "*Unio mystica*". Em outras palavras:

possui uma consciência permanente da "herança do pecado original" do homem, que se transforma em seu espírito em dívida totalmente pessoal. E, segundo a tradução judaica, ela não espera a libertação pela misericórdia de Deus em Jesus Cristo, mas pelo seu próprio esforço, que agora certamente deve ficar no meio do caminho, uma vez que no Mosteiro da Encarnação não se conhecia o claustro e ainda se seguiam as pegadas do "beatério". O mosteiro ainda conservava muitos traços de uma instituição para senhoras devotas, mas além da falta de um claustro existem diferenças na moradia, na vestimenta e no estilo de vida. Algumas até dispõem de serviçais. De um modo geral, esse mosteiro, com 180 monjas, pela necessidade financeira depende das visitas e do relacionamento com os ricos e poderosos deste mundo, e dona Teresa de Ahumada, como se autodenominou, com sua popularidade entre a nobreza e a alta nobreza, era considerada um membro útil. Foi um de seus "pecados", de que se queixava e que nunca ficaram bastante claros, que só foi superado quando Teresa, depois da ruptura e da "conversão", assumiu a atitude de não mais confiar em si mesma, mas em Deus (V 9,3).

A mudança foi tão grande que sua autobiografia, após uma divagação de mais de cem páginas sobre a oração contemplativa, ao voltar ao relato biográfico, começa assim: "Quero agora tornar ao ponto onde deixei a narração de minha vida. Daqui por diante é outro livro. Uma nova existência" (V 23,1). Pois, como acrescenta, finalmente está livre de seus "maus hábitos", com a ajuda de Deus. E quatro capítulos adiante diz:

> "Vendo-me inteiramente transformada, como podia desejar outra coisa? Só me restava abandonar-me nas mãos de Deus, pedindo-lhe que cumprisse em mim sua vontade

em tudo, pois ele sabia o que me convinha. Via que pelo atual caminho eu era levada para o céu e que, pelo outro, ia para o inferno" (V 27,1).

Esse caminho para o céu, porém, não demonstra ser de maneira alguma simples e, de início, não é convincente para seus contemporâneos. Teresa corre logo novamente de confessor para confessor, e os medos e receios são grandes por toda parte — pois a "nova vida" de devotamento a Deus consiste em constantes visitações, diálogos internos e outros fenômenos místicos. Com isso, a pobre santa escapava das chamas para cair nas brasas. Porque, assim como os judeus, os mouros e os protestantes eram também os alumbrados, chamados também de iluminados e quietistas, um movimento da interioridade, entre a Reforma cristã, a renúncia espiritual ao mundo e a heresia. Os alumbrados, principalmente mulheres devotas, gozavam de prestígio por meio das graças divinas condicionadas pela contemplação ou até mesmo simuladas, que deveriam sinalizar uma proximidade de Deus, a qual de modo algum parecia corresponder ao outro estilo de vida e ao nível humano dos "iluminados".

Agora começavam para Teresa os anos de aflição — Deus ou o diabo, era aqui a questão. No entanto, recebeu sempre a ajuda de santos como Pedro de Alcántara e Francisco Borja, que reconheceram as experiências de Teresa como vindas de Deus, mas também de padres da nova Ordem dos Jesuítas, que se haviam estabelecido em Ávila. Encontra, porém, principalmente no caminho visionário um novo contato com Jesus Cristo, que por assim dizer aos poucos revela-se (vide especialmente p. 25). Outras visões são igualmente tão positivas para seu interior, que uma visão horrível do inferno no velho estilo não consegue desencorajá-la. Quer fazer algo para Cristo e para sua Igreja, desse modo amadurece nela a decisão de reformar sua Ordem, cujos regulamentos, desde a partida do Monte Carmelo, foram diversas vezes modificados e atenuados. É natural que se tenha deparado no caminho tanto com entusiasmos como com amargas resistências. Além disso, sabia-se que ela parecia comprovar por meio de uma doença grave, a qual durou três anos, que não se dava muito bem com sua alma. E a própria Teresa, em sua humildade e devoção, apoiou essas interpretações psicossomáticas. Diante da obra de arte de Bernini, por mais bela que seja, não pensam algumas pessoas hoje em dia em histeria?

O que Teresa podia e queria

Em primeiro lugar, estava evidente o que ela não queria: casamento, perder-se em pensamentos no efêmero-mundano, desperdício da curta vida doada por Deus. E o que não podia: uma vida independente, com vigor e saúde. Pois três anos após sua entrada para o mosteiro, adoeceu tão gravemente, que ficou marcada pela vida toda. Teria agora de aprender a confiar totalmente em Deus. A imagem do bicho-da-seda que se transforma em crisálida, de cuja total dependência surge a borboleta que paira no ar (apta para encontrar Deus), partida da própria experiência profunda, perpassa as últimas "moradas do castelo interior", a grande e madura obra da santa (vide p. 65s.).

A doença, que começou em 1538, gerou ao mundo da época e à posteridade um enigma. A escritora Teresa descrevia seus sintomas físicos com tanta exatidão como suas experiências com a oração, que não havia possibilidade de se fazer um diagnóstico rápido como tuberculose, epilepsia, malária, mal de Parkinson, se olhássemos com atenção. Mesmo que para a ciência ainda restasse a fuga para a "histeria", discriminação difícil de ser refutada, vozes adversárias sempre gritariam mais alto e diriam que uma pessoa tão resoluta e sensata não sofreria de pseudo-enfermidades. E, mesmo com o câncer de útero, desconhecido em sua época e de que veio a falecer mais tarde, ainda alcançou os 67 anos.

Depois de todas essas charadas, o Professor Doutor A. Senra Varela, um médico espanhol, encontrou em 1982 a pista certa. Examinou as quatro fases da doença: na primeira, em 1538, Teresa sentia-se cada vez mais miserável, queixava-se de dores no coração e desmaios, tanto que seu pai, com quem se reconciliou ao entrar para o mosteiro, carregou-a para casa no outono. Preocupado, levou-a a uma famosa "curandeira" em Becedas, na divisa sudoeste da província de Ávila. A "curandeira" purgou-a com chá de ervas até abril de 1539. Teresa relatou sobre sua extraordinária fraqueza nesse tratamento e, como consequência do reduzido poder de imunidade física, inicia-se a segunda fase da doença: febre constante, enjoos e vômitos, dificuldades de engolir, a qual só permitia a ingestão de alimentos líquidos, e o doloroso "repuxar" dos nervos, como a santa o denominou. Decepcionado, o pai transportou a filha de volta a Ávila e lá a entregou aos médicos, nos quais ele antes não confiara.

Aqui começa, em 15 de agosto, a terceira e pior fase. Teresa desconfia disso e pede que um religioso vá buscá-la, porém, pretende-se encorajá-la, negando-lhe o pedido. Na mesma noite, começam as convulsões, as únicas de sua vida, até que caiu em coma profundo, o que durou quatro dias. Tão profundo, que ela não sentiu quando pingaram a suposta cera dos mortos em suas pálpebras, ou que seu irmão, que guardava seu velório, adormeceu enquanto sua cama incendiou-se com a chama de uma vela. A não reação de Teresa é um claro indício de que não se tratava de um estado de histeria. Deram à monja inconsciente a extrema-unção, e ela conta com um pouco de humor, como se repetia continuamente em seu leito o "credo" diante de seus ouvidos entorpecidos. Mas seu pai não perdera as esperanças, embora o Mosteiro da Encarnação já houvesse cavado seu túmulo. Ele acreditava ainda ter sentido um leve pulsar, que os outros não conseguiam perceber. E realmente Teresa voltou a si no quarto dia e tentou, apavorada, retirar a cera de seus olhos.

Seu estado era lamentável: estava deitada, "enrolada como um novelo de linha", mal conseguia engolir, os membros estavam todos paralisados, na mão direita só um único dedo se movia. A tudo isso se adicionava a dor insuportável dos nervos. Essa horrível quarta fase da doença durou até a Páscoa de 1540, ou seja, oito meses. Teresa teve de sofrer as consequências por sua vida inteira: dores de cabeça crônicas, dores cardíacas, vômitos, surtos repentinos de febre, impedimentos imprevisíveis dos movimentos e tremores, como na doença de Parkinson, tanto que, já com idade mais avançada, teve de ditar suas cartas, porque a mão direita não lhe obedecia, enquanto seu espírito ainda permanecia lúcido e vivo como nunca.

O professor espanhol de patologia reuniu todos esses sintomas, com seus efeitos posteriores, e chegou à seguinte conclusão: trata-se muito claramente de uma enfermidade física, de uma "brucelose", também conhecida entre nós como febre de Malta, embora ocorra no mundo inteiro. Em Ávila ainda hoje é possível contraí-la, bebendo-se leite de cabra, o que também havia no Mosteiro da Encarnação. Andou com grandes dificuldades com uma inflamação do pericárdio, responsável também pelas complicações para deglutir. Ainda pode-se reconhecer nas cicatrizes do coração de Teresa, cuja conservação foi motivada pelo vício de se manter relíquias, as marcas que deram razão a todo tipo de especulação sobre a visão do trespassar do coração.

No campo da medicina, a causa do agravamento encontra--se nas "purgações" feitas com os chás de ervas da "curandeira", o que enfraqueceu Teresa. Forças de resistência imunológica deficientes fazem a brucelose evoluir para uma perda de consciência ligada a uma meningite, ou seja, a uma "neurobrucelose", com uma polineurite provocadora de paralisia. Tudo isso deixa sequelas permanentes, mas sem prejuízo intelectual, como traria, por exemplo, a doença de Parkinson[11]. Teresa ressalta constantemente em seu relato biográfico, apesar desses sofrimentos, como manteve a alegria interior e o bom humor, os quais confirmaram sua decisão desde sua entrada para o Mosteiro da Encarnação. No entanto é compreensível que, com a evolução da doença, sentisse por vezes uma "profunda tristeza". Referente a todos esses acontecimentos, o médico espanhol aponta para o heroísmo sagrado que para a paciente simbolizava a vida, com as consequências da enfermidade, que não tinham uma perspectiva de melhora.

Na primeira fase, na viagem para a "curandeira", Teresa teve um importante encontro intelectual. Novamente foi um livro que teve papel decisivo em sua vida futura — na saúde ou na doença — com o qual seu tio Pedro, em sua mentalidade típica de convertido, lhe presenteou quando, a caminho de Becedas, pararam para descansar em sua casa. Tratava-se do famoso "*best-seller*" contemplativo de Francisco de Osuna, editado e reimpresso diversas vezes, o "Terceiro Abecedário Espiritual", de 1527. Teresa se referia ao livro como um "mestre", do qual sentira falta até aquele momento (V 4,6).

Osuna, denominado de acordo com sua localidade de origem, pois o humilde franciscano ocultava seu nome civil, iniciando-nos com isso naquela forma de contemplação, livre de palavras e pensamentos, naquele silêncio exigido pelo caminho contemplativo-místico que conduz à união com Deus (vide especialmente a p. 10). Havia-se especulado muito sobre esse caminho da cristandade, mas faltavam as indicações práticas fora da tradição oral dos mosteiros, que possuía algo de esotérico e que também se perdia ou era falsificada com facilidade. O franciscano Osuna, por sua vez comprometido com o movimento "*Devotio moderna*", que se espalhou desde o século XIV, tendo como ponto de partida o território flamengo, deseja transformar essa oração contemplativa em arte e método de experiência pessoal e assim colocá-la ao alcance de todos.

A nova época do Renascimento, que começava a despontar, dava ênfase ao indivíduo e a sua experiência. O ser humano à procura da verdade não infere mais do geral para o particular, o que sempre traz consigo abstrações, mas do particular para o geral. Trata-se da objetivação exigida e da consideração das necessidades vitais do indivíduo. Teresa é um ser do novo tempo, que raramente e de modo tênue utiliza a palavra "crença", enquanto que a palavra "experiência" aparece inúmeras vezes. A experiência torna-se a garantia da verdade.

Essa posição vai igualmente ao encontro da herança de seus pais. Justo os convertidos, em sua condição de perseguidos e graças a sua consciência individual e social altamente desenvolvida, interessavam-se pelos valores eternos da interioridade — tanto que devotio moderna, alumbrados e a mística hispano-cristã estavam intimamente enredados. Ao grupo pertence também o "erasmismo", ou seja, o único sucesso destinado ao pensamento de Erasmo de Roterdã (1466-1536) na Espanha. Teriam-no levado com prazer para a Universidade de Alcalá, mas ele não foi. Seu bom êxito baseia-se na importância dada ao evangelho vivido com uma devoção afetiva e pessoal, na experiência subjetiva em lugar de ritos e cerimônias — a própria Teresa confessa não saber lidar muito bem com o canto coral e com a recitação do Ofício Divino nas Horas Canônicas (cf. V 31,23). O mestre erudito foi criticado por arrogância, abusos e afastamento da Igreja, seu elogio a uma vida humilde e dedicada ao trabalho e, por fim, seu humanismo cristão, que queria harmonizar autores clássicos e cristãos, assim como a bela Literatura deveria aperfeiçoar a formação religiosa.

O livro de Osuna não é, em sentido restrito, "erasmista", mas pertence às tendências reformadoras livres desse início do Renascimento espanhol, que queria quebrar muitos tabus que impedissem o ser humano ético de desenvolver sua interioridade. Daí seu lema "democrático": "contemplação para todos!"

O livro cai nas mãos de Teresa no momento certo, pois nos três primeiros anos de sua vida monástica, ninguém foi capaz de dizer-lhe como alcançar a oração contemplativa: uma meditação que ia além do "muito discorrer com os entendimentos", como Teresa descreve a meditação tradicional (6 M 7,10). Sobretudo porque essa tradição estava arraigada no pensamento religioso espanhol desde o século XVI, com os escritos metódicos do abade Cisneros de Montserrat (vide p. 15). Por esse motivo, o abecedário de Osuna foi para Teresa, com todos os sofrimentos causados pela sua enfermidade, uma revelação afortunada, o que testemunham as cerca de trezentas linhas sublinhadas e as notas do exemplar da santa adquirido por nós[12]. O livro trata do silêncio interior na experiência da presença de Deus e do crescimento do amor.

A obra ajuda Teresa a suportar melhor as dores que sua enfermidade lhe traz e a contar cada vez menos com as próprias forças limitantes, mas sempre mais com Deus e suas ilimitadas possibilidades. Da confiança fortalecida e do amor resulta para Teresa a pergunta sobre o que poderia fazer para seu Deus e Senhor. Assim se prepara para sua missão de vida: pela oração para representar o reino de Deus nesse "mundo miserável" e modificá-lo radicalmente. "O mundo está pegando fogo", como disse mais tarde, quando ouviu falar sobre as guerras religiosas ("mundo ardiendo" — CV 1,5).

Essa missão já havia sido preparada interiormente por meio de uma conversa que manteve com as monjas no Mosteiro de Encarnação, na qual uma delas achava que deveriam ser fundados mosteiros novos, com normas mais rígidas e efetivas, seguindo-se o modelo das clarissas. O que ali representava apenas teoria tornou-se prática depois de sua famosa comoção diante de uma estátua em madeira de Cristo, um *Ecce Homo* triste e emocionante, que havia sido emprestado para uma festa a ser realizada e que fora guardado em seu oratório. A vivência interior era o pingo no "i" de um desenvolvimento que começou a entender os sinais de seu tempo e teve suas consequências. Pois a "reforma" do século anterior já abrangera a maioria das ordens e outras instituições. Reforma, Renascimento, reforma, tudo estava interligado. Osuna também fora um reformador, assim como grandes amigos de Teresa, como Alcántara ou Báñez. E a Ordem Carmelita já se havia entusiasmado várias vezes com a paixão pela reforma[13].

O que movia, então, a vontade de Teresa? A resposta resume-se em três palavras-chave: a oração mental, a dignidade das minorias, às quais pertencem as mulheres tratadas como "inferiores", e a unidade da fé cristã. Melhor dizendo: para a santa, tratava-se de salvar o valioso tesouro da "oração mental" como contemplação silenciosa[14] das contracorrentes inquisitórias de sua época, que suspeitavam de alumbrados (iluminados, quietistas) em toda parte onde a oração "mística" era praticada.

Teresa possuía um ideal de um mundo cristão semelhante ao do imperador da casa de Habsburgo, Carlos V, tanto que o pedido na oração do Pai-nosso: "Venha a nós o vosso reino", era uma exortação constante à incansável atividade das fundações a serviço da oração contemplativa, que dava a todas as preces sua verdadeira força. O assunto tratado era, pois, a unidade da Igreja na Europa, onde Teresa, abalada pelo aumento das guerras religiosas, iconoclastas, ouvia falar de dissolução, extinção e tomada de mosteiros carmelitas e outros conventos e igrejas.

Mas ainda pensou mais longe: por meio da intensa troca de correspondência com os irmãos que haviam emigrado para o Peru ou o Equador, abriu-se para ela a perspectiva de um novo mundo. E desde 1575, tinha também sempre consigo a pequena filha de Lorenzo, nascida em Quito e sobrevivente de um naufrágio ao regressar à Europa com o pai. Desse modo, o novo mundo se aproximava dela cada vez mais e Teresa pensava nos "índios", como eram e são chamados os habitantes originais das Américas, segundo um erro geográfico inicial, não com arrogância, mas com uma profunda compaixão. Nesse aspecto tinha semelhanças com os franciscanos e dominicanos, menos com o polêmico Las Casas, e mais com o dominicano Francisco de Vitoria, igualmente convertido[15], criador das bases de um futuro direito internacional, cujo curso "De Indis" (Sobre os índios) era frequentado até mesmo pelo rei Carlos I, como era chamado Carlos V na Espanha. Uma obra de compreensão do sentimento alheio e de mudança de perspectiva, que serviu de base para a futura legislação da América, a "Recopilación de las Leyes de Índias" (concluída em 1680), tão boa quanto praticamente despercebida do outro lado do Atlântico.

Vitoria vivenciou as grandes culturas, que nunca haviam ouvido falar de Jesus Cristo, reconhecendo que esses povos, no aspecto religioso, encontravam-se em estado de inocência e que os criminosos cristãos, que possuíam o "conhecimento", deveriam ser punidos mais severamente que os índios. Teresa queria orar por estes últimos, assim como pela perversão dos cristãos, pois o objetivo único e final era "salvar almas"!

Todos esses fatos formam um grande contexto, que apenas em parte é ocultado pela expressão "fundação de mosteiros". A vontade e o desejo de Teresa brotam de seu amor e têm como alvo a vida de um mundo e de uma época até o atemporal. Por isso sua luta pela reforma adquire uma dimensão política, uma batalha em plano superior entre o rei e o Papa, entre gerais das Ordens e núncios, entre Teresa, o grande mundo e a Igreja. Suas intenções não são nenhum passatempo pessoal, mas necessidades de uma época que está saindo da Idade Média e entrando numa nova era. Pessoal, "teresiano", é o modo com que a santa se aproxima da realização: com confiança em Deus, porém não sem humor; com amizade, mas não sem um senso comercial; com tranquilidade, entretanto não sem dinamismo; com ascese, porém, não sem prazer.

O interesse apaixonado de Teresa está relacionado à posição da mulher. Quer tirá-la de sua lamentável ignorância, quer formá-la intelectualmente e educá-la para o pensamento racional[16]. Disso fazia parte também a alfabetização de irmãs conversas.

O agravante da situação foi a proibição da Bíblia na língua materna no ano de 1559 e o Índex, no qual foram arrolados muitos de seus autores religiosos mais estimados. Na convivência com as "filhas", destacou os relatos dos evangelhos, segundo os quais as mulheres, abertas para o amor, dispõem de uma proximidade maior com Cristo que os homens (vide p. 48). No entanto, e isso a leitora moderna tem de levar em consideração, Teresa não é feminista no sentido de exigir os mesmos direitos que os homens. Deseja o máximo desenvolvimento, mas respeitando as marcas específicas para cada sexo, pois para ela a autorrealização significa a realização de Deus, e ele criou o homem e a mulher para tarefas diferentes. Daí o motivo de não se exigir cargos sacerdotais para mulheres:

"Direis que vos não é possível chegar almas a Deus, nem tendes meio disso; que de muito bom grado o faríeis mas não vedes como, pois vos não cabe ensinar nem pregar como os Apóstolos. Já noutro lado vos disse que o demônio nos inculca por vezes ardentes desejos só para não lançarmos mão do que temos ao pé, servindo o Senhor em coisas possíveis e ficarmos muito contentes por ter almejado as impossíveis" (7 M 4,14).

Certamente, essa advertência orienta-se na verdade para si mesma, e encontra-se nos últimos parágrafos do "Castelo interior".

A consciência de Teresa, o reverso de sua humildade, sempre reiterada, e de eventuais depressões, revelam-se no trato com Rossi, o superior-geral da Ordem, ao qual escreve e envia uma carta a Sevilha em 1576, com tons de ironia:

"E ainda que nós mulheres não prestamos para dar conselho, algumas vezes acertamos. Quando estivermos, um dia, ambos diante de Deus, verá vossa Senhoria o que deve a sua verdadeira filha Teresa de Jesus" (Cta. 91).

A palavra "humildade", tão salientada por ela, não significa certamente falsa modéstia! Para Teresa, é a consciência da dependência da dignidade humana da grandeza inconcebível de Deus (vide *Fases da experiência mística*, p. 9s.).

E para concretizar tudo isso, a formação da mulher, a oração, a manutenção da fé e do mundo enfermo, tendo em vista o destino humano, são necessários, segundo a perspectiva da época, novos mosteiros.

Primeiro Teresa começa pondo em prática as fundações. Em Ávila, consegue convencer uma amiga da nobreza, Guiomar de Ulloa, de seu plano, a ponto de esta querer comprar-lhe uma pequena casa. Mas o pecúlio não é suficiente. As permissões são mais difíceis que se esperava. Teresa não se deixa transtornar e confia no seu Senhor e amigo celeste. De repente, chega dinheiro da América, inesperadamente recebe ajuda de um cunhado e, contra todas as previsões, vem a permissão de Roma! O pequeno Mosteiro de São José torna-se realidade! Embora a empresa seja tão imperceptível, tão insignificante, a atenção que desperta é grande! De um lado havia, naturalmente, o Mosteiro da Encarnação, onde se gostava mais de teorizar sobre a perfeição, mas que praticamente temia qualquer severidade maior. De outro lado, a cidade de Ávila, uma cidade circundada por um muro, com palácios da nobreza e mosteiros, atualmente chamada a cidade dos nobres e dos santos, e que naquela época possuía apenas cerca de 1.000 habitantes, em oposição a Toledo, com seus 90.000![17]. Entretanto, os habitantes de Ávila, gente graúda, os "alguéns", não estavam preparados para aceitar mudanças radicais que custassem dinheiro — pelo menos assim foram as argumentações do prefeito e de uma multidão acirrada diante da prefeitura, ameaçando-as com incêndio e outros avisos de violência, quando chegou a hora da fundação do pequeno

Mosteiro de São José, com suas quatro irmãs. Foi em 24 de agosto de 1562. Na ocasião, Teresa conheceu seu futuro grande confessor, Domingo Báñez, cujo discurso espontâneo mudou a opinião pública a seu favor[18]. Em dezembro, Teresa muda-se como madre superiora para São José e denomina-se, a partir de então, Teresa de Jesus.

O que havia de tão "novo" nesse minúsculo mosteiro, que agitava as pessoas? De um lado, a "instituição da pobreza", pela qual Teresa se decidiu, aconselhada pelo bendito frei Pedro de Alcántara. Dona Guiomar intermediou uma longa reunião em sua casa (cf. V 30,3-6). Reformador da Ordem, com grande experiência, que unia uma extrema ascese a um espírito inteligente e amável, esse santo possuía grande prestígio, e Teresa sabia que estava ligada a ele para sempre, mesmo que a "pobreza", isto é, a falta de rendimentos de seus mosteiros reformados, dependentes de doações (esmolas) e da venda de trabalhos manuais, só pudesse ser levada a cabo nas grandes cidades. Na Espanha cristã, o trabalho manual era uma marca de pessoas de outra religião, daí seu efeito chocante. Mais tarde, de acordo com as circunstâncias, Teresa irá eventualmente fundar outros mosteiros com o auxílio de "rendas" financeiras.

De outro lado, a rigidez das monjas "descalças", em especial o claustro, que pôs fim ao contato amigável entre as irmãs e as pessoas mundanas, como era costume no Mosteiro da Encarnação, trouxe aborrecimento a muitos. Por fim, mas isso ninguém dizia, as primeiras irmãs eram convertidas, os nomes de origem judia já o demonstravam[19]. E mesmo nas outras fundações, a participação de parentes femininos de Teresa do ramo toledano era considerável. Para a santa, o importante era não reconhecer os "Estatutos de limpieza de la sangre", os "Estatutos de limpeza do sangue", de 1547, ao contrário de quase todas as ordens de seu país, assunto no qual nunca tocou. Esses estatutos eram algo semelhante ao documento comprovativo da raça ariana na Alemanha de Hitler, com a diferença que a "pureza do sangue" não era, em princípio, um conceito racista, porém religioso.

Todos entendiam a ousadia sutil quando Teresa dizia que para ela nem o dinheiro e nem a origem tinham importância, mas a vocação e a aptidão religiosas. Era mais que reformador, era revolucionário, pois dizia respeito ao estado de consciência de uma época! E mais revolucionário ainda, simplesmente insuportável, era o fato de que uma mulher, ou seja, uma "inferioridade", se atrevesse a reformar uma Ordem inteira, inclusive mosteiros masculinos! É claro que Teresa não era fanática em sua ânsia de reforma. Para executar seu propósito, precisava não só da burguesia culta e abastada, mas principalmente da camada da população mais bem alfabetizada de judeus espanhóis, necessitava da alta nobreza cristã, com seu dinheiro e sua teia de relacionamentos.

O superior-geral da Ordem, Rossi (Rubeo em espanhol), era generoso e deu-lhe com prazer a permissão para todas as fundações planejadas. Mas para a realização dos planos teve de procurar um ajudante. E encontrou João da Cruz, um grande místico e poeta. Este último talento ela desconhecia. Com o primeiro, nem sempre estava contente. Ao reconhecer o gênio de um "filho" espiritual tão mais jovem, que não necessitava de uma "mãe" religiosa, era compreensível que, às vezes, ironia e irritação se mesclassem[20]. No entanto, esse primeiro carmelita "descalço" foi o primeiro mestre dos noviços da Ordem e muitas vezes não se percebe seu grande desempenho como fundador e "viajante", devido a sua natureza introvertida[21]. João procurou paz na Ordem de Teresa e não achou nada além de desassossego e lutas, das quais se saiu, nem sempre como diplomata, mas como santo[22]. Jerónimo Gracián de la Madre de Dios, que veio mais tarde, estava mais próximo do coração de Teresa, tão próximo quanto nenhuma outra pessoa. Seu caráter infantil e despreocupado pedia sua proteção materna. Além disso, era um "letrado", um erudito que impressionava com seu saber, originário de uma famosa família de humanistas, com influência na corte. E os ideais humanos de Teresa eram a virtude e a cultura. Mais rápido que João da Cruz, que em seu estado de plenitude de Deus não apreciava cargos oficiais, Jerónimo de Gracián alcançou uma posição de grande respeito e de intensas lutas. Trágico foi o destino desses dois "filhos"[23] de grande competência, devido à inveja e às intrigas (vide *Fases da experiência mística*, p. 60).

Para as fundações, Teresa desenvolveu uma estratégia prática, possível de ser ensinada como uma "didática da fundação". No final, as fundações foram realizadas também por "filhas" talentosas; digna de nota é Ana de Jesús, que não só fundou o convento em Granada, a pedido de Teresa enquanto esta ainda vivia — João da Cruz ajudou esta madre superiora, sua amiga —, mas atuou mais tarde na França e na região flamenga, como sucessora de Teresa. A própria Teresa fundou pessoalmente outros 15 mosteiros femininos. Acrescenta-se a este número os mosteiros masculinos em Duruelo (1568) e Pastrana (1569). Até a morte de João da Cruz, seu auxiliar, em 14 de dezembro de 1591, foram fundados 25 mosteiros para monges. Digno de menção sobre as atividades de Teresa em longo prazo é o seminário de São Cirilo, na humanista cidade universitária de Alcalá de Henares, onde João deveria, em princípio, assumir a reitoria e onde, na época da "guerra das Ordens", Gracián esteve em prisão domiciliar. Uma guerra das Ordens baseada, por um lado, em conflitos sobre a competência entre o rei, o

Papa e o superior-geral da Ordem, ou seja, sobre política internacional, por outro, no fator humano de que monges não apreciavam muito serem reformados por uma irmã.

Um contemporâneo e confessor de Teresa, Diego de Yepes OSH (1531-1614), caracteriza a fundadora a partir de suas lembranças pessoais: "Apreciei muito sua virtude, fascinei-me por sua humildade e inteligência, e desde então me tornei proclamador de suas qualidades, escravo de seus mosteiros, e eu, a quem, de algum modo, tudo isso era evidente e que me tornei testemunha de seu coração, vejo-me obrigado a anunciar essa incrível perfeição e santidade. Pois, sem dúvida, ela é a glória e o prestígio de nossa época e a flor que brota no deserto estéril desse tempo tardio da Igreja"[24].

Na segunda parte de seu livro fala sobre os atributos intelectuais e relativos ao caráter da fundadora: "Possuía uma grande inteligência, era capaz de tudo. Um julgamento maduro e equilibrado, apoiado por um elevado bom senso. Todos os seus projetos eram bem pensados e ela pesava, guiada pela grande experiência, os prós e os contras de todas as coisas. Tomada uma decisão, permanecia firme e consequente na execução do trabalho iniciado. Nela brilhava a luz de uma razão admirável, com a qual realizava seus empreendimentos de maneira grandiosa, como se pode ver claramente na fundação e direção de muitos mosteiros. E, tão grande como sua inteligência e sua capacidade de julgamento, era também sua obediente flexibilidade. Estimava muito os bons teólogos e não iniciava nada de importante sem ter primeiro falado com eles. Era boa empreendedora, hábil em negociações e ao lidar com problemas[25]. Todos recebiam ajuda e resposta, sem que ela alegasse falta de tempo ou problemas com a saúde. Escrevia frequentemente ao rei e a outros senhores importantes e só com suas cartas já conseguia realizar muita coisa"[26].

A última e mais difícil fundação da santa é a de Burgos, na qual o arcebispo traiçoeiramente coloca-lhe sempre novas pedras no caminho. Deixa a tradicional cidade do norte da Espanha, após sete meses de luta, totalmente esgotada. Gracián havia-lhe ordenado que se retirasse em tranquilidade para Ávila. Mas as obrigações, seus superiores e, principalmente a duquesa de Alba, que a "solicitou" devido a uma situação de família, obrigam-na a continuar viagem. Sua última parada foi em Alba de Tormes.

A morte de Teresa já será coberta de sombras pelos diversos conflitos e intrigas na Ordem, os quais eclodem logo após seu falecimento, em 4 de outubro de 1582. O novo tempo, de quem a santa já era filha, confirma-se na madrugada de sua morte, quando passa a vigorar nosso calendário gregoriano. Como se assim se quisesse mostrar a partida de uma pessoa cuja vontade conseguiu modificar o mundo para Deus e os homens.

O que Teresa escreveu e vivenciou

O ato de escrever era, para Teresa, consequência da vida, não valendo aqui a ordem contrária. Não era nenhuma escritora profissional. Contudo, suas obras entraram para a Literatura universal, era simplesmente uma questão de autenticidade e talento. Seu significado atual encontra-se nos escritos[27].

O já citado biógrafo e contemporâneo de Teresa, Diego de Yepes, relata as impressões que o encontro com a santa lhe transmitiram: "Conhecia a bem-aventurada madre Teresa de Jesus já havia 14 anos, período em que cultivei um relacionamento com ela, e considero isso uma graça especial de Deus e uma ajuda efetiva para minha eterna ventura". O religioso aponta em especial para o talento de Teresa no uso e no domínio eficaz da palavra: "Deus lhe deu uma força e capacidade maravilhosas de comover os corações daqueles com quem convivia. Pois, com o poder da palavra, conquistava simpatias e afastava controvérsias. Como o vento dissolve as nuvens, assim desapareciam todas as dificuldades, logo que ela intervinha em uma situação. O que antes era difícil, ou parecia impossível, tornava-se possível e fácil. Muitas pessoas vinham até ela, algumas devido a tentações, outras com desesperos ou escrúpulos, e, muitas vezes, não conseguiam expressar-se claramente. Ela, porém, os compreendia como um médico sábio e conseguia acalmá-los admiravelmente com suas palavras e curá-los. Muitos vinham de longe, para conversar com ela sobre assuntos de sua vida espiritual. Outros procuravam consolo para sua labuta e seus sofrimentos, não somente pessoas simples, mas também grandes eruditos, e todos saíam satisfeitos e consolados, só com as palavras que ouviam dela"[28].

Uma mulher genial, que não só dispunha da palavra falada, mas também entendia da palavra escrita. Por meio de seus escritos, Teresa D'Ávila tem, hoje, amigos no mundo todo, não somente na Espanha, onde o grande violonista Narciso Yepes testemunhou: "Eu, viajante do século XX, tenho sempre comigo as obras de Teresa e meu violão. Nas salas de espera dos aeroportos, não importa se sobrevoo a terra ou o mar, suas palavras sempre me trazem esperança e me aproximam da realidade do criador. Teresa é mais atual que muitos de nossos contemporâneos. Ela desperta em mim a consciência necessária da vida, que possuo em meu interior"[29].

Athenagoras, o bispo metropolitano da Igreja ortodoxa russa em Constantinopla, também confessou: "As obras de Santa Teresa D'Ávila e de São João da Cruz são minhas leituras religiosas mais frequentes. Eu os leio no original, sem precisar de dicionários"[30]. Ou pensemos em Edith Stein, na história de sua conversão para a fé cristã, a qual com a leitura noturna da autobiografia de Teresa declarou dramaticamente, pois a judia reconheceu: "Isso é a verdade!"[31].

A obra de Teresa intitulada "Vida", sua autobiografia[32], até agora nada perdeu em frescor e fascinação. Báñez protegeu o manuscrito da perseguição da Inquisição com seu parecer, pois, naquela época, o que chamava atenção nessa obra era só a descrição dos "fenômenos místicos", que parecia empurrar Teresa para o lado de sectários alumbrados. Era mais perigoso que o comportamento dos ex-judeus, os convertidos, que não conseguiam tomar gosto pelos formalismos da Igreja cristã e, em sua religiosidade, tendiam para a experiência pessoal, considerada "moda" na época, e que estavam constantemente sob suspeita. Na Espanha havia inúmeros adeptos, inclusive entre os mouros, com sua grande tradição da mística sufista.

Américo Castro, conhecedor da mentalidade dos judeus convertidos na Espanha, esclarece: "Pesquisar a vida como uma aparição arrebata-a mais que defini-la como uma expressão, motivo pelo qual ela mergulha profundamente no perigoso mar de seus próprios sentimentos. Seu pensamento movimenta-se pelo autoconhecimento, pela percepção consciente e pelo próprio processo de vida". No fundo, essa "tendência para a vida no estilo oriental" encontrou solo tão fértil na Espanha, que lançou raízes vigorosas "na celestina, na mística, no romance picaresco autobiográfico, no drama e no romance da tradição de Cervantes"[33]. Ou seja, em tudo o que essa era transformou intelectualmente em alguma coisa de "áureo".

Portanto, não é nenhuma coincidência que a primeira autobiografia da história da Literatura espanhola provenha de uma convertida. Nesse aspecto, Teresa contribui com seu talento bastante peculiar, originário da tradição hispano-judaica: essa capacidade de introspecção, da descrição clara e diferenciada dos complexos fenômenos da alma, sua habilidade psicológica de compreender os sentimentos alheios, o que causa uma impressão de semelhança com o processo moderno.

Essas aptidões já eram reconhecidas pelos seus contemporâneos. Báñez relata com o olhar retrospectivo sobre sua censura de "Vida", que o manuscrito foi apreendido pelo Santo Ofício, mas seus sagazes contemporâneos fizeram antes várias cópias dele. Depois da morte de Teresa foi, então, impresso o autêntico exemplar da Inquisição, um benefício da confiscação! Báñez escreveu: "Examinei com grande reserva a relação da oração com a vida dessa monja, pois ninguém era tão descrente com respeito as suas visões e revelações quanto eu, embora conhecesse sua virtude e sua boa vontade". Após a morte de Teresa, ao narrar como tremia no confessionário, tão clara lhe era a presença de Deus pelas palavras da monja, pôde testemunhar que "era possível supor que essas revelações, visões e êxtases pudessem vir de Deus, assim como acontecia com outros santos também"[34].

Os inquisidores tiveram a atenção chamada para o livro por meio de diversas denúncias. Por trás disso se encontra, em primeiro lugar, a princesa Éboli, conhecida pela obra de Schiller e Verdi por seu suposto relacionamento com o desventurado infante Don Carlos. Um relacionamento que, contudo, não existiu, pois o "sucessor do trono" era imbecil! Éboli, que quando solteira chamava-se Mendoza, esposa do príncipe de Pastrana, era uma pessoa extraordinariamente intriguista, característica talvez fomentada pelo fato de esta ser cega de um olho, embora de resto fosse uma mulher bonita. No mínimo, era uma pessoa excêntrica.

Quando Teresa, em 1568, entrou em negociações com o casal de príncipes de Pastrana, com o objetivo de obter uma doação para um mosteiro masculino e um feminino, isso se revelou rapidamente. Éboli manifestou desejos inaceitáveis. Começou uma luta de poder entre as mulheres, que a princesa, 25 anos mais jovem que Teresa, muito apreciou. Ela também exigiu que Teresa lhe desse para ler o manuscrito da autobiografia. Ali não adiantava recusar nada. A "princesa" depositou-lhe sua palavra de honra que ninguém, a não ser o casal de príncipes, poria os olhos nos escritos, e imediatamente distribuiu as folhas entre os serviçais. Quem sabia ler, lia em voz alta, e todos morreram de rir, ninguém nunca tinha ouvido algo semelhante! As risadas eram tão altas que foram ouvidas até em Madri.

Em 1573 morre, inesperadamente, o príncipe. No momento do enterro, a princesa, arrependida, decidiu entrar para o mosteiro de Teresa. O responsável pelos ofícios fúnebres, o padre Mariano, teve de despir seu hábito, Éboli o seduz e instala-se no quinto mês de gestação no mosteiro, com toda a sua criadagem. As monjas de Teresa só podiam falar com a princesa de joelhos. A paciência de madre Teresa esgotou-se. Ela se abre com sinceridade à princesa. Éboli responde: "O mosteiro me pertence!" Ao que Teresa retruca: "Mas não as minhas monjas!"

Depois desse episódio, só lhe restava a fuga. Em 6 de abril de 1574, Teresa e suas monjas mudam-se de madrugada e sob a neblina de Pastrana para Sevilha, onde um mosteiro provisório as aguardava. Assim, Éboli faz a já mencionada denúncia da obra "Vida" à Inquisição, e Domingo Báñez intervém. Para dizer exatamente: ele recolhe as folhas que circulavam, vai até o Santo Ofício e pede para ser encarregado da censura, o que é concedido com satisfação ao renomado dominicano. Com seu parecer, que entrou para a história, a autobiografia foi definitivamente salva para a posteridade. No entanto, a maior glória deve-se à carta de João de Ávila, escrita anteriormente, que compreendeu as experiências de Teresa com tanta sensibilidade (vide p. 34ss.). Luis de León já se havia entusiasmado tanto com a carta, que a transcreveu textualmente em sua biografia de Teresa.

Atualmente, Azorín (1873 - 1967), grande ensaísta e crítico literário da Espanha do século XX, emite o seguinte julgamento da obra, polêmica em sua época: "A 'Vida' de Teresa, como ela mesma escreveu, é o livro mais profundo, denso e penetrante de toda a Literatura europeia. Ao lado dessa autora, os mais agudos analistas do Eu, como Stendhal e Benjamin Constant, parecem crianças inexperientes. E isso ocorre somente porque, nessa obra, ela deixou um pouquinho de seu espírito. Tudo nessas páginas, que de maneira pura, densa e natural não mostra nenhuma forma do mundo exterior, nem cores, nem traços, é de uma dramaticidade, um compromisso e uma aflição dignos de serem chamados de trágicos"[35].

"Lendária" em sentido negativo foi a maneira como a posteridade se ocupou da figura da Éboli. A verdade histórica é a seguinte: ela se uniu, mais tarde, na corte de Filipe II, ao famigerado ministro Antonio Pérez contra o rei e foi presa num castelo solitário, devido as suas intrigas. Sua última parada foi a torre de seu próprio palácio em Pastrana, onde pereceu, depois de dez anos de severa reclusão[36].

Teresa, que desde de 1572 já se sente digna de pertencer à *Unio mystica* (cf. *Fases da experiência mística*, p. 52ss.), continua levando uma infatigável vida dupla como fundadora e escritora, depois da derrota de Pastrana. Recebe incentivo de Toledo, onde lhe fizeram, em 1576, uma proposta de negociações para a impressão de seu livro "Caminho de perfeição". Ela o havia escrito em 1566/67 em primeira e segunda versão mais objetiva; é um guia para a oração e para a vida contemplativa nos novos mosteiros.

Aqui encontramos uma outra Teresa, diferente daquela da autobiografia: a madre superiora da Ordem, quase sem dúvidas, empenhada no sucesso da reforma e da vida nos novos mosteiros. A "experiência" não é mais motivo de medo, funciona mais como orientação do método. Este livro é, simultaneamente, um texto de luta pela situação das mulheres, principalmente das solteiras. Pois toda a obra de reforma e fundação veio do desejo de que Teresa, dentro de seus limites como mulher, quisesse fazer o possível por Deus. E esse possível provou ser extraordinário! As mulheres deveriam esquecer, portanto, suas "fraquezas" e não se queixar, exaltar felizes o fato de serem "livres da submissão a um homem que frequentemente lhes destruía a vida e, Deus queira que não, também a alma" (F 31,46)[37]. Teresa nunca deixou "caírem as asas" (V 10,8), e ainda que fosse uma mulher, lutava contra a discriminação.

A primeira versão da obra foi guardada no Escorial, ao qual também pertence o manuscrito original da autobiografia. A segunda versão está no mosteiro de Valladolid. E embora se necessitasse urgentemente do livro, a publicação planejada só realizou-se após sua morte por seu amigo, o arcebispo Teutonio de Bragança, em Évora (1583). Dom Teotonio era um membro da família Bragança, que deteve o poder da coroa portuguesa desde o ano de 1640 até o século XX. Mostrou-se grande admirador de Teresa D'Ávila. Por meio dele, ela ensaiou em julho de 1579 uma tentativa epistolar de evitar a guerra entre Espanha e Portugal. Infelizmente, foi em vão. Um ano mais tarde, o rei Filipe II, com o duque de Alba como chefe do exército, colocou Portugal sob o jugo da coroa espanhola por um período de 60 anos. O duque de Alba, temido governador dos Países Baixos, também pertencia, juntamente com sua mulher, ao círculo de amizade da reformadora, a qual, por um encadeamento trágico desse relacionamento, encontrou seu jazigo em Alba de Tormes. Isso estimulou Cervantes a compor mais tarde um poema para a santa, em que utiliza o significado de "Alba" como "alvorada" ou "aurora"[38]. A própria Teresa escreveu uns poemas de alta qualidade literária, embora suas atividades cotidianas quase só permitissem poemas improvisados. Os inacabados "Conceitos do Amor de Deus" se estenderam por vários anos e diversos lugares. Sua data é incerta, a única coisa segura é que foram escritas antes de "Castelo interior". A obra bastante promissora manteve-se por vários motivos como fragmento, mas um fragmento valioso. Um motivo residia na dificuldade gerada pelo famigerado Índex do inquisidor Valdés, de 1559, que somente permitia a leitura da Vulgata, a Bíblia latina, é confirmado pelo destino escandaloso de Frei Luis de León, mais tarde editor de Teresa. Pelo fato de ter traduzido o Cântico dos Cânticos diretamente do hebreu, e não da Vulgata, o convertido e versado na língua hebraica, grande lírico e ilustre professor da Universidade de Salamanca, amargou quatro anos e meio na prisão. Quando, em dezembro de 1576, voltou, reabilitado e glorioso, e em sua nova cátedra em Salamanca, retomou as aulas pronunciando a seguinte frase: "Dicebamus hesterna die..." — "Ontem ficamos parados em..." !

Em 1580, exigiu-se de Teresa o que já haviam ameaçado em "Vida", ou seja, que queimasse a obra. Teresa logo obedeceu e preparou um pequeno auto-de-fé em papel com a "Canção do amor". Fez isso contente e serena, pois dispunha de cópias completas!

Entre as obras de Teresa que Frei Luis de León publicou em 1588, com grande amor e sensibilidade, encontrava-se também o comovente escrito "Exclamações da alma a Deus", sem data, e como Gracián mais tarde anunciou, expressam as emoções da santa após a comunhão. Mas não se publicaram as importantes "Fundaciones", as "fundações dos mosteiros", que só o foram em 1658, em Zaragoza, devido às pessoas ali observadas de forma crítica. Trata-se de um tipo de diário de suas viagens referentes às fundações; para ela era trabalho demais ter de escrevê-lo, não fossem as "ordens" que recebeu para fazê-lo. A escala das autoridades vai de Jesus Cristo (por meio de visão) ao padre Gracián (real)! O resultado do trabalho forçado é delicioso, pois o talento narrativo de Teresa, claro e bem-humorado, é expresso sem censura e de modo natural. São fascinantes todas as descrições realistas, como por exemplo em Córdoba, quando as monjas apeavam de suas carroças e uma pequena multidão curiosa fazia um alarido, como se estivesse na arena vendo os touros entrar. Ou a fundação em Toledo: quando Teresa, depois de muito esforço, encontrou uma casa, as primeiras coisas que mandou levar para dentro foram dois sacos de palha e uma coberta. Então se deparou com o problema da decoração da capela para a legítima inauguração do mosteiro, cujo cômodo também era alugado, mas que ainda pertencia à casa vizinha. Segundo a narrativa de Teresa:

> "Era perto do amanhecer; já estava tudo pronto, e ainda não tínhamos ousado avisar às mulheres, pelo receio de que divulgassem nosso projeto. Começamos a abrir a porta, que era um tabique e dava para um patiozinho bem pequeno. Ao ouvir o estrondo, levantaram-se espavoridas, que ainda estavam na cama, e tive bastante que fazer para as amansar. Mas já era chegada a hora e logo se celebrou a Missa. Ficaram muito zangadas; contudo não nos fizeram mal, e por fim, vendo que se tratava de mosteiro, o Senhor as abrandou" (F 15)

As "Fundações" sempre foram comparadas aos romances picarescos, mesmo que a autora não combine com o ambiente de criminalidade crescente que surgiu com o desenvolvimento do gênero. Seu tom, seu estilo, a crítica da época, os novos comportamentos, porém, diante dos quais se desvanecem as convenções ideológicas de "sangue e honra", de guerra e poder usurpado! Além disso havia o tema literário-filosófico do "desengaño", essa "decepção" como desmascaramento de uma ilusão suscitada pelo mundo e pela vida, uma temática decisiva para toda a "era dourada" da vida intelectual da Espanha, que teve início com o romance picaresco (vide p. 100). A ele pertencem constantes mudanças de lugares, igualmente típico de Teresa, embora esta não o fizesse estando a serviço de muitos, mas de um único e grande Senhor.

Como viajava? Os meios de transporte eram os mais variados. Em regiões intransitáveis, servia-se da mula, era boa amazona, já que a equitação fazia parte da educação da nobreza. Ocasionalmente, uma de suas ilustres amigas e protetoras lhe emprestava uma sela de melhor qualidade ou uma confortável carruagem. Seus acompanhantes masculinos tinham de cavalgar ao lado ou atrás da carruagem, como um tipo de escolta. Chegada a hora da oração, madre Teresa tocava pelo lado de fora da janela um sino e todos obedeciam quando ouviam seu repicar. A santa viaja, porém, com mais frequência em carroças de duas rodas, que andava aos solavancos, protegida de olhares e do sol por um encerado em forma cilíndrica. Na maioria das vezes era puxada por mulas, mas às vezes, quando várias monjas a acompanhavam, havia uma grande carroça de quatro rodas puxada por uma junta de bois. É claro que necessitavam de cocheiros e de um arrieiro de mulas, e Teresa tinha por toda a Espanha bons endereços.

Tomava com prazer o caminho que passava por Toledo, cidade de seus antepassados, a "grande cidade" bem situada no centro do país, o que facilitava tudo em termos de organização e de comunicação postal. Quando em 1575/76 a situação piorou na guerra da Ordem e o Superior-geral ordenou-lhe que se dirigisse a um mosteiro de sua escolha e lá ficasse quieta — uma prisão formulada de modo amigável, como a própria Teresa percebeu, escolheu Toledo, cujo mosteiro carmelita reformado já havia fundado em 1569, segundo o desejo e o patrocínio de um rico comerciante. Instalou-se ali de junho de 1576 a julho de 1577 e usufruiu o privilégio de dispor de tempo e tranquilidade. A cidade, com sua grande tradição de três culturas (judeus, mouros e cristãos), a cidade de seus antepassados, deu asas a sua capacidade criadora. Como El Greco, que veio no mesmo ano de 1577 para a Espanha e instalou-se em Toledo, ela possuía o espontâneo dom de traduzir em imagens experiências sobrenaturais e pensamentos. Como esse grande pintor, que possivelmente leu suas obras mais tarde, ela vê o mundo terreno e celeste em sua dependência recíproca, como ele, também vê a morte como o único "meio" de alcançar a verdadeira vida. Helmut Hatzfeld, um dos melhores hispanistas do século XX, vê na famosa tela que retrata os funerais do Conde Orgaz reflexos do pensamento teresiano[39].

Ali em Toledo foi feita a versão primeira de sua autobiografia, ali um encontro com Pedro de Alcántara configurou seus planos de vida, ali escreveu sua maior obra, "Moradas do castelo interior" ("Las moradas del castillo interior"), uma obra baseada totalmente em imagens simbólicas. Estava quase completa, quando voltou a Ávila, para seu pequeno Mosteiro de São José.

É o seu escrito que possui melhor e mais forte estrutura; as visitas de Gracián na "prisão" em Toledo levaram a conversas intensas e elucidativas. A genialidade do livro mostra-se na relação de tensão entre o objeto infinito e os meios de expressão de característica finita. A "morada", a borboleta, o "noivo" que envia setas flamejantes, os sagrados números sete, que representam o inconcebível ilimitado, os efeitos de luz, que tanto agradavam também a El Greco. Toda a imagem do castelo representa a alma humana, que Teresa já havia comparado a um palácio a ser ampliado em "Caminho de perfeição" (CV 28,9-11). No fundo, trabalha com conceitos bem modernos, como a "ampliação da consciência". O processo místico da *Unio* trata, portanto, de transformação interior.

A convivência com João da Cruz com o objetivo de reformar seu antigo Mosteiro da Encarnação em Ávila, o qual foi obrigatoriamente entregue à direção de Teresa pelo Superior-geral da Ordem em 1572 — uma tarefa para a qual ela necessitava de um excelente guia espiritual —, deve ter tido aqui uma influência. João valorizava principalmente a "transformación", a transformação interior, dito de forma moderna, a "mudança de paradigma", e suas elucidações eram cheias de cor e poesia.

A Igreja demonstrou grande sensibilidade quando nomeou Teresa padroeira dos escritores espanhóis em 1965, depois que em 1952 João da Cruz se tornara padroeiro dos poetas espanhóis. Dessa vez não houve luta, como no século XVII, quando Teresa foi nomeada padroeira de Espanha e o mundo masculino sublevou-se facilmente contra a nomeação: o honorável padroeiro Santiago (o apóstolo Santiago) parecia estar "ameaçado", juntamente com seu lendário local de peregrinação. Indignado, Quevedo escreveu versos satíricos, mas Lope de Vega celebrou a famosa visão do coração trespassado em versos dignos de um jovem Bernini. Algum parentesco intelectual ligava Lope a Teresa: a capacidade de falar de modo popular no máximo da expressividade, o "despotismo esclarecido"[40] com que Teresa dirigia seus mosteiros, e as duas concepções sobre o rei, instituído pela graça divina, mas destituído pelo povo, se não mais corresponder aos mandamentos divinos.

Naquela época, apesar da beatificação e da canonização, o que Teresa ainda combatia, e que obrigou Luis de León a uma apologia, é um sentimento de todos expresso em nossos dias pelo grande romancista espanhol Camilo José Cela: "Santa Teresa representa o ápice da prosa espanhola mística, assim como São João da Cruz o ponto máximo da lírica mística. Seu amor a Deus ela expressa na linguagem de seu tempo, espontânea e terna, sensível e popular, tão completa na forma, que parece que um anjo guiou sua mão"[41]. E Gerardo Diego, igualmente conhecido como poeta e hispanista, diz: "O grande milagre de Santa Teresa é ela mesma. E para nós, nascidos séculos depois dela, a obra, por meio da qual a conhecemos. Não creio que haja um segundo caso de criação e autenticidade literária como a de Santa Teresa, justamente porque escreve de modo diletante, obedece à determinação máxima e deixa o Espírito Santo sempre falar por meio de sua voz humana. O número de conversões de fé ocorridas graças a ela é inefável. Santa Teresa é incomparável. Não há normas para ela, menos ainda para um Luis de León, um São João da Cruz, um Cervantes. Santa Teresa não escreve como fala, mas como ela é: escreve em toda a sua plenitude e unidade"[42].

Quando Teresa escreve, seguindo sua essência, permite-se também um modo de falar familiar, como encontramos em suas cartas, o que exige muito dos tradutores. Restaram por volta de 440 das cerca de 15.000 que escreveu, de acordo com o calculado em seu plano de trabalho diário. Essas cartas são os retratos mais vivos do ser humano Teresa de Ahumada ou Teresa de Jesus.

Compreendem teoricamente um período de 36 anos, na prática, no entanto, há uma lacuna de quinze anos entre a primeira e a segunda carta. Em compensação, podemos acompanhar nas outras cartas a vida da santa até três semanas antes de sua morte. A datação do epistolário foi difícil, pois Teresa colocava o dia e o mês, mas nunca o ano. Este era de conhecimento do destinatário. A segunda carta, do ano de 1561, ocupou-se com a fundação do Mosteiro de São José em Ávila, a última carta — escrita a uma priora em Soria — está cheia de detalhes sobre assuntos que variam desde a cozinha até a profissão dos votos, porém cita outros planos de fundação. De um modo geral, as cartas mostram uma Teresa de Jesus que se preocupa com todos, que dá a todas as suas "filhas" e coirmãs conselhos que vão da oração até um mingau de cevada.

Contudo, Teresa de Ahumada permanece também sempre presente. Não somente na segunda carta (1561) a seu irmão Lorenzo em Quito, que se faz benquisto com envios de ouro e dinheiro, os quais causaram grande satisfação, mas também em outras cartas, cujo assunto são a compra de uma casa, os valores financeiros e rendas, e que muitas vezes soam como os escritos de um corretor de imóveis ou de um tabelião. A santa entende do assunto e sabe muito bem fazer contas, unindo de forma harmoniosa a economia necessária e a natural generosidade. Teresa de Ahumada mostra-se também na indiscutível superioridade da madre superiora, para quem há um claro método curativo: as monjas podem alcançá-lo por meio da oração, da virtude e da vida ascética; os cidadãos, por meio de sua contribuição financeira à manutenção do mosteiro; a fundadora, porque possibilita a salvação dessas almas todas[43]. Trata-se aqui do já citado despotismo esclarecido que, transferido para a vida religiosa, assume um caráter humanitário. Ele é, no entanto, moderado e dominado por um devotamento cada vez mais incondicional, ao longo da vida, ao amor a Deus e a sua vontade, que resulta em Teresa no tão simpático "caminho para a verdade", que é como caracteriza a virtude da humildade.

Por fim, mas não em último lugar, a educada filha do fidalgo convertido domina primorosamente todas as boas maneiras sociais. Movimenta-se com a mesma segurança em palácios da gente graúda espanhola quanto em cômodos de albergues primitivos, e domina em suas cartas todas as fórmulas e a linguagem retórica floreada da polidez, de acordo com a posição e a hierarquia do destinatário. Teresa mantém-se diplomática, mesmo com raiva, pois uma elegância inteligente faz parte de sua essência. No entanto, pode ser muito irônica, especialmente em relação a Ana de Jesus, que se tornou uma espécie de concorrente, além de ser uma grande amiga de João da Cruz.

Por outro lado, Teresa era de uma espontaneidade e sinceridade sem resistências, quando o assunto era seu profundo sentimento. Muitas cartas importantes perderam-se na "guerra da Ordem" e nas perseguições do Estado e da Igreja, por exemplo, nada se conservou da correspondência com João da Cruz, uma verdadeira lástima! Mas ambos contribuíram para isso, destruindo por cautela escritos de valor, pois naquela época vivia-se perigosamente.

Ao contrário do descuidado Jerónimo Gracián de la Madre de Dios, cuja leviandade muito preocupava a santa. Não por causa da Inquisição, mas pelos conflitos internos da Ordem, cuja vítima foi a figura simbólica de João da Cruz, primeiro aprisionado em Toledo e depois exilado na Andaluzia. Teresa por carta manifestou-se a seu favor junto ao rei Filipe II. As cartas recebidas de padre Gracián e a ele endereçadas revelam, no entanto, muito de seus sentimentos íntimos, assim como o humor sagaz da santa, que por muito tempo se opôs à publicação completa de seu epistolário. Somente em 1658 tentou-se publicar em Zaragoza uma pequena edição, outras edições com pequeno número de cartas seguiram-se, até que finalmente o padre Silvério de Santa Teresa OCD ousou publicar em Burgos, entre 1922-24, a monumental obra de 440 cartas e fragmentos em dois volumes. A edição continha extraordinárias notas informativas feitas pelo padre Silvério, um novo passo fora dado para o conhecimento da santa.

Agora, as pérolas de suas cartas ao padre Gracián estavam acessíveis, mas ninguém se aventurava a sua leitura[44]. Tratava-se de uma preciosidade especial, de uma sincera declaração de amor de uma mulher de sessenta anos, sem nenhuma consciência pesada, mas sim com a superioridade de uma madre superiora e santa em sua plena maturidade. Ela sabe, porém, que o mundo sempre pensa logo o pior, por isso inventa um pseudônimo para sua correspondência. Gracián passa a chamar-se Paulo ou Eliseu (seguindo o nome fictício do apóstolo fundador da Ordem, Elias. Assim como Gracián, Eliseu deve ter sido careca já em sua juventude). Teresa autodenomina-se Ângela ou Lorencia. Também os inquisidores recebem nomes como "os anjos", as carmelitas descalças são "as borboletas". Até mesmo Jesus Cristo ganha um pseudônimo, um sinal de que aqui se faz valer a intimidade da alma. Ela o chama de José, como a maioria de seus mosteiros. Com o apoio dos tridentinos, traz o culto a José para a Igreja. El Greco representará mais tarde pela primeira vez na história da pintura a figura de José quando jovem e o padre Gracián escreverá no mesmo ano de 1597 um livro sobre o pai adotivo de Cristo, o qual dedica à infanta da família espanhola Isabel Clara Eugenia, rainha de Flandres, pois foi nessa região que viveu o crepúsculo de sua vida.

No início feliz da amizade, Teresa fez uma promessa de obediência ao padre Gracián, assim como outrora havia colocado seus confessores em dificuldades com uma promessa de perfeição. Jerónimo Gracián possuía inteligência e humor suficientes para manter ali as relações justas (vide *Fases da experiência mística*, em especial p. 58). Com todo o "esforço" promovido em seu íntimo, Teresa sabia muito bem que a "perfección", no fundo, pode advir somente do imponderável amor doado por Deus.

O padre guardou as cartas de sua "madre Teresa" com muito cuidado, pois conhecia seu precioso valor. Após a morte de Teresa e da volta do padre de seu cativeiro como escravo dos turcos[45], escreveu os "Diálogos sobre la muerte de la Madre Teresa de Jesús", que eram ao mesmo tempo diálogos sobre a própria vida da madre, e concluiu-os com um capítulo sobre as obras da santa. Nele refuta, em primeiro lugar, a opinião do apóstolo Paulo, válida no seu tempo, de que as mulheres deveriam calar-se em público, o que incluía também o ato de escrever, lembrando o grande número de grandes mulheres da Antiguidade e da Idade Média que moveram o mundo com seus escritos. Só então começa a falar em madre Teresa e crê que em sua excelente obra "Vida", o que incomodavam eram apenas as queixas exageradas sobre seus pecados. De "Moradas do castelo interior", ele relata que Teresa recebeu de seus superiores (dele próprio) a tarefa de escrevê-la, com a ordem de não reproduzir tanto as particularidades pessoais, mas de compor um método que possuísse validade geral. Em resumo, ele atuou nesse momento como um ótimo redator, que sabia como o talento e a experiência de Santa Teresa deveriam ser desenvolvidos. Para tanto, a autora tinha de ser uma pessoa instruída, mas não "erudita". Alguém se torna um excelente médico não com muita leitura, porém com a prática, escreve Gracián.

As cartas receberam, portanto, um grande elogio, e sobre elas diz ainda: "Se fosse possível reunir em um volume todas as cartas que a Santa Madre Teresa de Jesus escreveu a várias pessoas, com seus ensinamentos, seus conselhos e sua grande devoção que todos sentiam ao ler essas cartas, teríamos um dos livros mais úteis e encantadores que já foi escrito. Nosso rei cristão, Filipe II, gostava muito de receber suas cartas, assim como Doña Juana, Sua Alteza princesa de Portugal, e Suas Excelências, o duque e a duquesa de Alba, a quem escrevia frequentemente, bem como outras pessoas, que conservavam suas cartas como um método terapêutico. Imitava o apóstolo Paulo, a quem muito venerava, administrando seus mosteiros por meio de cartas que escrevia regularmente, não somente às madres superioras, mas também a todas as monjas que necessitassem de um conselho ou de um conforto". Gracián cita, em seguida, as cartas aos padres e monges da ramificação masculina da Ordem, a todos os benfeitores da Ordem na província, e conclui com o elogio: "Ela os exortou, conquistou-os para seus planos e manteve-os animados; demonstrou a todos tanta delicadeza, tato, compreensão e ânimo, que em toda a minha vida vi poucas cartas comparáveis às dela. Seu estilo era claro e agradável de se ler, rápido e fluente, como os escritos próprios dos advogados. E teve de escrever tantas cartas, que ia até a meia-noite ou uma hora da manhã, quando terminava de selá-las e deixá-las prontas para o envio"[46].

O padre Jerónimo Gracián sabia do que estava falando, pois havia recebido inúmeras cartas — e justamente as últimas, após as quais não viu mais a madre. As últimas cartas são cheias de lamentações carregadas de uma profunda tristeza, de uma mulher que se sente abandonada e solitária (vide *Fases da experiência mística*, p. 85). Assim como algumas cartas tardias às madres superioras e aos auxiliares das fundações deixam entrever uma mordacidade resultante da decepção e do mau comportamento.

Os esforços empenhados na fundação de Burgos haviam sido extremos. E a congregação havia crescido (a santa não chegou a ver a congregação ser elevada à categoria de Ordem), ficara mais difícil de ser governada, enquanto que sua idade e o câncer que a enfraquecia ofereciam ensejo para algumas rebeldias dos "subalternos", pois a superioridade da enferma não era mais tão forte (vide p. 89). Na ascensão escondia-se já a decadência. E isso não era tudo, visto que aqui não sofria somente um ser humano, mas morria uma santa, mostram as "Cuentas de Conciencia" ou "Relaciones", um diário da experiência interior, que não teme a verdade nem diante dos inquisidores, porque essa verdade está infinitamente marcada pelo amor de Deus. Um ano antes de sua morte, Teresa de Jesus já se havia transformado em uma nova pessoa, definitivamente de valor. Ela própria sabia disso melhor que todos:

> "[A alma] anda tão olvidada de seu proveito próprio, que lhe parece ter em parte perdido o ser, tão esquecida vive de si mesma. Em tudo isto só tem em mira a honra de Deus; só quer fazer sempre mais sua vontade para que Ele seja glorificado" (R 6, Palencia 1581; CC 66).

Apêndice

Notas com indicação das fontes

Teresa D'Ávila — registro das obras, com abreviaturas:

Vida (autobiografia) V
Camino de perfección — Caminho de perfeição
   1. Versão, manuscrito Escorial .... CE
   2. Versão, Valladolid CV
Castillo interior — Castelo interior (título de Teresa),
atualmente mais citado como:
   Las Moradas del castillo interior — Moradas do castelo
   interior .... M
   Libro de las Fundaciones — As Fundações .... F
Relaciones — Relações Espirituais .... R
   Em outras edições também como:
   Cuentas de Conciencia — Considerações sobre a experiência
   interior CC
Poesías — Poesias .... P
Cartas .... Cta
Meditaciones sobre los Cantares — Conceitos do Amor
de Deus .... MC
Exclamaciones del alma — Exclamações da alma .... E

Na primeira parte do livro, as "Fases da experiência mística", os textos de Teresa D'Ávila são traduzidos e citados a partir da obra: Santa Teresa, Obras Completas, editado por Tomás Alvarez, Editorial Monte Carmelo, Burgos, [8]1997.

Na segunda parte, "Obras regidas pelas mãos de Deus", a tradução foi retirada de: Santa Teresa de Jesús, Obras Completas, editado por Efrén de la Madre de Dios e Otger Steggink, ⁶1979.

Para simplificar, serão utilizadas as mesmas abreviaturas para ambas as edições.

FASES DA EXPERIÊNCIA MÍSTICA

1 Convento de Santa Maria de la Encarnación.
2 Publicado em 1527, muitas outras edições e edições espúrias.
3 Francisco de Osuna, *Imersão, Textos para reflexão*. E. Lorenz, Freiburg, Herder 1982 (³1994), p. 28. Nova edição sob o título "Abc da oração contemplativa" in: *Jóias da vida, Sabedoria, espiritualidade, mística do oriente e ocidente*. G. Sartory, Herder 2002. As citações são extraídas da primeira edição.
4 Dionísio Areopagita. *"Contemplei Deus em silêncio", Textos para reflexão*. V. Keil, Herder, Freiburg 1985, p. 46.
5 Extraído do Katha-Upanixade. Citado em E. Lorenz. *Palavra no silêncio*. Freiburg, Herder 1993, p. 163.
6 Dionísio Aeropagita, *op. cit.* p. 54s.
7 Literalmente: os concentrados, a saber, na sua dedicação a Deus.
8 Osuna, *op. cit.* p. 66.
9 Se Teresa seguiu as instruções de Inácio de Loyola, e até que ponto, não se sabe. Provavelmente, deve ter-se apropriado de algumas partes que lhe tenham trazido proveito interior, em acordo com algum de seus confessores jesuítas.
10 J. P. Migne, PG 44,893. Extraído de: *Dionísio Areopagita, dos nomes ao Inominável*, seleção e introdução de E. v. Ivánka. Editora Johannes, Einsiedeln ²1981, p. 24.
11 Cf. Carl Albrecht. *Psicologia da consciência mística*. Editora Matthias Grunewald, Mainz 1976 (²1990), p. 105.

12 Ibid. p. 103.
13 Cf. *Psicologia da consciência mística*, p. 103, 106, 181ss., 214s., 218, 248ss.
14 Cf. Osuna, *op. cit.* p. 78.
15 Aqui, como em outras passagens, a citação literal e seu prosseguimento resumido, respectivamente documentados no final da página.
16 Cf. *Psicologia da consciência mística*, p. 106.
17 Cf. Osuna, *op. cit.* p. 53.
18 Cf. Osuna, *op. cit.* p. 122.
19 Cf. E. Lorenz. *Uma vereda no descaminho. Teresa D'Ávila — Relatos de sua experiência e biografia íntima.* Herder, Freiburg 1986 (^{2}1990), p. 42.
20 Ibid. p. 42-44. A história foi relatada por Isabel de la Cruz em 1610, por ocasião do processo de beatificação em Salamanca. Ela a ouvira da própria boca de Teresa.
21 Cf. Jerónimo Gracián, *Obras completas*. Burgos 1932, Tomo I, p. 184-87 (Dilucidario) e 362-65 (Oração mental).
22 Carl Albrecht. *O conhecimento místico*. Mainz 1982, p. 297.
23 Cf. *O conhecimento místico*, p. 290.
24 Comm. in Ps. 44,6; J. P. Migne, PL 53, 388.
25 Enn. in Ps. 119; PL 38, 1600.
26 Cf. Is 49,2 (vulgata).
27 Cf. *O conhecimento místico*, p. 178.
28 Neste contexto, refiro-me ao absurdo escrito em uma história da literatura espanhola traduzida para o alemão, que identifica a busca de Teresa com o "gozo".
29 Cf. E. Lorenz. *Chamariz do pastor. Teresa D'Ávila conta sua vida.* Kösel, Munique 1999, p. 116.
30 Cf. *op. cit.* p. 127.
31 Cf. Paulo, Gl 2,20: "Vivo, mas não sou mais eu, é Cristo que vive em mim".

32 O paradoxo da compreensão da não compreensão é adequado ao objeto místico.
33 Em V 17,6 já se falou sobre as importunas e irrequietas mariposas da memória. A mariposa é um símbolo da alma, utilizada neste contexto como uma subdivisão dos aspectos da alma.
34 Cf. *Chamariz do pastor*, p. 134.
35 Relatado por Jerónimo Gracián in Dilucidario, *op. cit.*, p. 11.
36 Cf. Edição das Obras completas editadas por T. Álvarez, Prefácio de "Vida".
37 Carta nas obras de Juan de Ávila e em Jerónimo Gracián, Dilucidario, *op. cit.*, p. 12-14. A vida de Juan de Ávila foi pela primeira vez descrita por seu famoso contemporâneo, Frei Luis de Granada, o qual Teresa também estimava de modo especial.
38 Cf. *Uma vereda no descaminho*, p. 71-81.
39 Patente de 27 de abril de 1567 in: J. Gracián. *Scholias y addiciones al Libro de la vida de la Me Theresa de Jesús que compuso el Pe doctor Ribera*, f. 19v-20v. Editado por Carmelo de la Cruz OCD, El Monte Carmelo 68, 1960, p. 113.
40 Cf. V 36, 26, acrescentando a nota de rodapé de P. T. Álvarez na edição Burgos.
41 Cf. E. Lorenz. *O Pai-nosso de Teresa D'Ávila. Método de contemplação.* Herder, Freiburg 1987 (^{4}1990).
42 Cf. Chamariz, *op. cit.*, p. 153ss.
43 Aqui falta uma parte do texto. Pode-se ler somente "el mundo honrábales" (o mundo os honrava), o que por si só não faz sentido. O texto foi tão riscado mais tarde por revisores, que não é mais possível reconstruí-lo com certeza.
44 Esse texto se encontra na edição Escorial. P. Tomás Álvarez OCD coloca-o como nota de rodapé em sua edição Valladolid. Normalmente me utilizo da edição Valladolid.
45 Cf. Secundino Castro. *Cristologia Teresiana*, Madrid 1978, p. 380.

46 Cf. Castro, *op. cit.* p. 13.
47 Cf. Gl 2,20 e (conclusão) Ef 4,13.
48 Cf. Castro, *op. cit.*, principalmente capítulos I e V.
49 Mt 25,40.
50 O significado de 'desposorio' é oscilante. A palavra pode significar noivado ou casamento. No presente contexto, eu preferiria casamento. 'Matrimônio', em contrapartida, significa casamento, no sentido da instituição reconhecida por lei ou costumes.*
51 Castro, *op. cit.* p. 58.
52 Cf. Cartas a Ana de Jesús, Ávila, meados de novembro de 1578.
53 Cf. Cartas a Catalina de Jesus, Baeza, 6 de julho de 1581.
54 J. Gracián, *Obras completas*. Burgos 1933, Tomo III, Peregrinación de Anastasio (concluída em 1609), Diálogo VIII, p. 144 e 140.
55 J. Gracián, Scholias y addiciones..., *op. cit.* p. 99-165.
56 *Escritos de Santa Teresa I*. Rivadeneyra 1861-62, Biblioteca de Autores Españoles 53, T 53, p. 555.
57 Há um relato provavelmente falso sobre um anel de ametista (cf. Álvarez in Edição Burgos 1997, R 38).
58 Cf. E. Lorenz. *O que nem todas as monjas têm permissão para fazer.* Teresa D'Ávila e Pater Gracián — a história de um grande encontro. Herder, Freiburg 1983 e ³1988.
59 Cf. também Gracián, Peregrinación de Anastasio, *op. cit.*, cap. XVI.
60 Cf. *O que nem todas as monjas têm permissão para fazer*, p. 119.
61 Peregrinación de Anastasio (concluída em 1609), Obras, Burgos 1933, T III, Diálogo XVI.
62 Cf. Carta a Maria de San José, Bruxelas, 4 de maio de 1609.
63 Texto completo in: Teresa D'Ávila, *"Eu sou uma mulher — e além disso não sou uma boa mulher"*. Uma grande mulher, uma mística fascinante. Selecionado, traduzido e apresentado por E. Lorenz, Herder, Freiburg ⁴2001, p. 135-137.

---

* Em Alemão faz-se a distinção entre "Heirat", que significa a contração de núpcias e "Ehe", que se refere à instituição reconhecida por lei ou por costumes.

64 Teresa escrevera apenas "Castillo interior". Seus editores mais recentes preferiram o título "Moradas del castillo interior", abreviado por M.
65 Encomendado por P. Jerónimo Gracián.
66 Meditação quer dizer a reflexão em pensamentos e palavras do que será renunciado amplamente na contemplação em favor do silêncio, o que também vale para a fala e o pensamento interiores.
67 Ela tira a comparação da obra de Osuna.
68 Luce López Baralt. *Huellas del Islam en la literature española*. Madrid 1985.
69 Cf. Jo 14,2 e 14,23.
70 Provavelmente 1232-1316. Cf. Ramon Llull. *O livro dos amigos e amantes*, traduzido e editado por E. Lorenz, Herder Spektrum, Freiburg/Basiléia/Viena 1992.
71 Teresa coloca estas palavras na boca da "borboleta", que representa a si própria.
72 A própria Teresa.
73 As visões sem imagem eram as únicas autênticas e seguras, de acordo com a doutrina das visões (vide *Imersão* e especialmente p. 35)
74 Cf. Jo 14,23.
75 A "visión intelectual".
76 Cf. tradução de E. Lorenz, editora Kösel, Munique 1995.
77 Ela leu particularmente a "*Imitatio Christi*", atribuída a Thomas Kempis.
78 Cf. E. v. Ivanka, *Apex mentis*, in: ZKTH (Revista de Teologia Católica) 72, 1950.
79 João da Cruz. *Chamas vivas de amor*, editado por E. Lorenz, com nova tradução da mesma, Kösel, Munique 1995, p. 25.
80 Termo de seu atual editor P. Tomás de la Cruz Álvarez, Burgos.
81 Reproduzido aqui com omissões. Texto completo in "Eu sou uma mulher", *op. cit.*, p. 77.

82 Cf. 6 M 9,16-17.
83 Sua enfermeira, Ana de San Bartolomé, relata em sua autobiografia sobre o fato. In: *Obras completas de la beata Ana de San Bartolomé*, editada por Juan Urriza, I, Roma 1981.
84 Cf. *O que nem todas as monjas têm permissão para fazer*, p. 119.
85 O Senhor lhe disse em uma *audição*: "Alimenta-te por amor de mim, dorme por amor de mim" — R 46, Sevilha, 1575.
86 Reduzida e editada segundo a edição Burgos. Anteriormente na edição Madrid Cuentas de Conciencia, N. 66.
87 Cf. "Eu sou uma mulher", *op. cit.* p. 123.
88 Ibid. p. 126.
89 Cf. *O que nem todas as monjas têm permissão para fazer*, capítulo "Os sofrimentos de Anastásio".
90 Prenome italiano Nicolao. Mas na Ordem, Nicolás, cf. Cartas, da edição Burgos, de T. Álvarez.
91 Carta de Burgos, final de março de 1582. Utilizei-me aqui quase literalmente da tradução de P. Alkofer, *Cartas de Santa Teresa de Jesus*, 2ª parte, Kösel, Munique ²1957, por considerá-la de excepcional qualidade.
92 O rei Filipe II não queria o casamento dos pais da criança.
93 Testemunho sobre o processo de beatificação de Ávila, 1610, BMC, T 18, p. 195. Cf. O. Steggink/Efrén de la Madre de Dios *Tiempo y vida de Santa Teresa*. Biblioteca de Autores Cristianos, Madrid 1977, p. 975. Uma biografia especialmente recomendável.
94 "...que no pensase nadie que su muerte había sido por otra ocasión, sino por ímpetu de amor de Dios, que la vino tan fuerte, que no le pudo sufrir su natural" (Processo de Ávila, 1610, BMC, T 2, p. 233). Cf. Também Gracián in: *Diálogos sobre la muerte de la Madre Teresa de Jesús*, Burgos 1913, p. 99.

OBRAS REGIDAS PELAS MÃOS DE DEUS

1. Esta biografia foi publicada pela primeira vez no volume (esgotado): E. Lorenz. *Teresa D'Ávila. Uma biografia ilustrada*. Herder, Freiburg/Basiléia/Viena 1994. Para a presente reimpressão, o texto da autora foi revisado e reorganizado.
2. Frei Luis de Leon. Carta-Dedicatoria a las Madres Priora Ana de Jesús y Religiosas Carmelitas Descalzas del Monasterio de Madrid, in: *Obras completas castellanas de Frei Luis de León*, T 1, Biblioteca de Autores Cristianos, Madri 1957, p. 904s.
3. Frei Luis de León. *De la vida, muerte, virtudes y milagros de la Santa Madre Teresa de Jesús*, op. cit. p. 920. Primeira edição em 1883 in: Revista Agustiana.
4. Cf. Rosa Rossi. *Teresa de Jesús. Biografía de una escritora*, Madri 1984, p. 11-116.
5. Cf. Teófanes Egido. *El linaje judeoconverso de Santa Teresa (Pleito de hidalguía de los Cepeda)*, Madri 1986. O processo e, com ele, a origem de Teresa foram divulgados em primeiro lugar por Alonso Cortés in "Boletín de la Real Academia Española" 25, 1946.
6. Cf. E. de la Madre de Dios/O. Steggink. *Tiempo y vida de Santa Teresa*. Biblioteca de Autores Cristianos, Madri 1977, p. 21s.
7. Américo Castro, Espanha, Visão e Realidade, Colônia/Berlim 1957, p. 543.
8. Ibid.
9. Gusmán de Alfarache I, 2,4 e II 1,1.
10. A. Castro, *op. cit.* p. 546s.
11. Prof. A. Senra Varela. "La enfermedad de Teresa de Jesús" in: Revista de Espiritualidad 41, 1982, p. 601-612. Professor Dr. Senra Varela ocupa a cadeira de Patologia Geral e Propedêutica Clínica na Universidade de Cádiz.

12 "Abecedário" foi, na época, um gênero popular de referência. Osuna compôs para cada título de seus capítulos um dístico, cujas letras iniciais seguiam o alfabeto (vide p. 10).
13 Cf. Smet/Dobhan. *As carmelitas*. Uma história dos irmãos U. L. Senhora do Monte Carmelo. Dos primórdios (c. 1200) ao Concílio de Trento, Freiburg 1980.
14 Cf. E. Lorenz. *Palavra no silêncio. Da essência da contemplação.* Herder, Freiburg 1993.
15 Cf. A. Castro, *op. cit.* p. 567.
16 Cf. D. Deneuville. *Santa Teresa de Jesús y la mujer*, Barcelona 1966, e principalmente J. M. Fernández, "Um análisis sociológico de las relaciones personales" in *Cinco Ensayos* (Fernández, González. Roman, Sanpietro), Madri 1984, p. 95-149.
17 Cf. R. Rossi, *op. cit.* p. 17.
18 Teor da oração in: E. Lorenz. *Uma vereda no descaminho.* Herder, Freiburg 1986, p. 89-93.
19 Cf. R. Rossi, *op. cit.* p. 83.
20 Teresa relata: "Foi muito bom que tenha aprendido mais com ele que ele comigo. Entretanto, não agi, mas lhe disse como deveria lidar com as monjas" (F 13,5).
21 Cf. W. Herbstrith. *Teresa D'Ávila. Vida e mensagem,* Editora Neue Stadt, Munique 1993 (^{3}1999), p. 187.
22 Cf. E. Lorenz. *Luz da noite. João da Cruz conta sua vida*, Herder, Freiburg ^{2}1992. Uma biografia romanceada, narrada por um eu--lírico fictício.
23 Cf. E. Lorenz. *O que nem todas as monjas têm permissão para fazer. Teresa D'Ávila e P. Gracián* — a história de um grande encontro, Herder, Freiburg ^{3}1988.
24 Diego de Yepes OSH. *Vida de la Madre Teresa*. Ed. 1886, p. 17-18. 1ª ed. Madri 1587 e Zaragoza 1606: Vida, virtudes y milagros de la Bienaventurada Virgen Teresa de Jesús...

25 Literalmente: destreza para despachar negócios.
26 Vida de la Madre Teresa, *op. cit.* T 2, p. 193-194.
27 Cf. a consequente biografia de Rosa Rossi, que dividiu toda a vida da santa em obras (vide Apêndice, nota 4).
28 Diego de Yepes OSH, *op. cit.*, p. 9 e 195.
29 I. Bengoechea. *Las Gentes de Teresa.* Madri 1982, p. 152.
30 In: *Ecclesia 28*, Madri 1968, p. 19.
31 Edith Stein. *Uma nova biografia em testemunhos e autotestemunhos*, ed. Por W. Herbstrith OCD, Herder, Freiburg 1983, p. 33.
32 Atualmente, na conhecida segunda edição, escrito em 1563, no entanto com longo trabalho preliminar e revisão (vide *Fases da experiência mística*, em especial p. *Acordes Iniciais* e p. 125).
33 A. Castro, *op. cit.* p. 553.
34 O. Steggink/E. de la Madre de Dios. Obras completas, *op. cit.* (vide *Notas com indicação das fontes,* p. 139), p. 191.
35 Azorín (pseudônimo de J. Martínez Ruiz). *Obras completas*, T 8, Los clásicos redivivos, 1945, p. 47-49.
36 Cf. A. Ruegg. *Filipe II, Antonio Pérez e a princesa Éboli.* Basiléia, 1965.
37 Literalmente: sua vida acaba. Cf. também CV 26,4.
38 O poema de Cervantes contém, entre outras, as seguintes estrofes:

"Embora nascida em Ávila,
Veio à luz em Alba,
Aquela que será entregue à morte,
Ela que escolheu a Deus.

Você, mãe, que ascendeu no puro brilho de Alba
À beleza eterna,

Não nos abandone,
Amor que nos reconcilia com Deus.

Sua tão exaltada humildade,
Conquistou-lhe o céu,
E como a humildade tudo pode,
Conduza a nós, os pobres, ao céu!"
(versão para o alemão por E. Lorenz)

39 Cf. H. Hatzfeld. *Estudios literarios sobre mística española*, Madri 1955, p. 297-305.
40 Fernández, Cinco Ensayos, *op. cit.* p. 145.
41 In: Bengoechea, *op. cit.* p. 134.
42 In: Estafeta Literaria 15, 10, 1970, p. 6-7. (Por isso as obras de Teresa só podem ser traduzidas adequadamente compreendendo-se o espírito e não se seguindo as letras.)
43 Cf. Fernández. Cinco Ensayos, *op. cit.*, p. 119.
44 Mais uma vez meu livro: "*O que nem todas a monjas têm permissão para fazer*. Teresa D'Ávila e Padre Gracián — a história de um grande encontro. Freiburg 1983, 1985 e 1988", foi muitas vezes, pelo menos nos círculos religiosos, visto como um choque.
45 Cf. E. Lorenz. *Um carmelita como escravo na Turquia*, in: Espírito e Vida, dez. 1982.
46 P. Jerónimo Gracián de la Madre de Dios. *Diálogos sobre la muerte de la Madre Teresa de Jesús*. Burgos 1913, p. 164.

Teresa D'Ávila — Vida e Obra
(Breve cronologia)

1515	Nascimento em 28 de março, na cidade castelhana de Ávila.
1519	Seu pai, Alonso Sánchez de Cepeda, de origem judia, move uma ação litigiosa pela compra de um título de nobreza.
1523	Tentativa de fuga para a terra dos mouros, juntamente com seu irmão Rodrigo.
1528	Morte da mãe.
1528-1530	Teresa escreve um romance de cavalaria, o qual se perde — más amizades.
1531	Teresa é internada no Mosteiro Agostiniano de Ávila.
1532	Abandona o internato por motivo de saúde.
1533	Período de convalescença em casa de seu tio, Don Pedro, em Hortigosa. Múltiplas leituras de cunho espiritual.
1534	Os irmãos começam a partir para a América (Peru/Equador).
1535	Teresa foge em 2 de novembro da casa dos pais e ingressa no Convento Carmelita da Encarnação (Convento de Santa María de la Encarnación).
1536	Tomada de hábito em 2 de novembro.
1537	Pronuncia os votos solenes em 3 de novembro.
1538	Doença grave no outono, provavelmente uma brucelose. Novamente na casa do tio, em Hortigosa. Lá, encontro com o método de oração de Francisco de Osuna ("Terceiro Abecedário"), o qual Teresa tomou como "mestre".

1539-1542	A doença persiste e se agrava até uma morte aparente. O pai impede que Teresa seja enterrada.
1543	Ela cuida do pai enfermo, que vem a falecer.
1544-53	Teresa procura confessores jesuítas. Afastamento temporário da oração contemplativa de Osuna, por influência de Barrón. Luta interna pela espiritualidade verdadeira.
1554	A "conversão" decisiva para a espiritualidade diante da pequena estátua de Cristo coberto de chagas. Leitura das "Confissões" de Agostinho. Início das "manifestações de graça mística".
1557-61	As grandes visões, êxtases etc. Teresa parte para Toledo, cumprindo ordem do Provincial, à casa da viúva Luisa de la Cerda. Começa a escrever seu livro "Relaciones", os relatos de uma experiência interior.
1562	Escreve em Toledo a primeira versão de "Vida" (autobiografia), que mais tarde se perde. Esforça-se por executar o plano de fundação de um mosteiro da reforma, em Ávila. Mantém diversas conversas sobre o assunto com São Pedro de Alcántara, a quem já conhecia. Depois de sua volta, em 10 de agosto, é eleita madre superiora do Mosteiro da Encarnação. 24 de agosto: inauguração do Mosteiro Carmelita de São José, que havia sido reformado e adaptado. Por este motivo, revolta na cidade. Domingo Báñez profere um ardente discurso de defesa. Após a ratificação da fundação, sua instituidora teve de retornar ao Mosteiro da Encarnação. São José foi subordinado ao bispo de Ávila.
1562/63	Mudança de Teresa para o Mosteiro de São José. Em 22 de agosto chega a permissão oficial. "Vida": segunda versão, a conhecida atualmente.

1565	"Vida", versão de 1563, fica pronto definitivamente por volta do final do ano.
1566-67	Teresa escreve "Camino de perfección" (Caminho de perfeição).
1567	Chega a Ávila o Superior-geral da Ordem, Rossi (Rubeo). Em abril, autoriza Teresa a fundar outros mosteiros de monjas (cf. mapa, p. 157), em 16 de agosto chega uma patente para a fundação de dois mosteiros para monges (Duruelo e Pastrana).
1568	Em Medina del Campo Teresa conquista João da Cruz (Juan de Yepes y Alvarez) — na época carmelita Juan de Santo Matía — para a reforma e a fundação dos mosteiros para monges.
1568-82	Época das grandes viagens de fundação (cf. mapa, p. 157).
1569	Divergência com a princesa Éboli em Pastrana.
1571	Nova patente de fundação do Superior-geral da Ordem. Em São José, Teresa revoga as regras da Ordem, até agora suavizadas, e pronuncia os votos de rígida observância das "descalças".
1572	Na primavera, Teresa leva João da Cruz como guia espiritual para o Mosteiro da Encarnação. Em 18 de novembro, após ter recebido a comunhão de João da Cruz, toma conhecimento, por meio de uma visão, de que seria admitida na *Unio mystica*.
1573	Teresa começa a trabalhar em "Fundaciones", livro das fundações dos mosteiros.
1574	Volta ao mosteiro de São José.
1575	Conhece em fevereiro Jerónimo Gracián — desde seu ingresso para o mosteiro em 1572: Jerónimo de la Madre de Dios — por ocasião da fundação em Beas

de Segura; ficou profundamente impressionada pelo aspecto humano.

Devido a sua autobiografia, é denunciada pela Inquisição em Sevilha. O teólogo Domingo Báñez, nesse tempo já famoso, salva sua obra, escrevendo-lhe um parecer.

Por desavenças na Ordem e mal-entendidos, Teresa recebe do Superior-geral a determinação de se encerrar num mosteiro de sua escolha. Ainda em Sevilha, escreve a sua famosa obra Relación 4: "Esta monja...".

1576   Cumprindo a determinação, Teresa dirige-se ao seu mosteiro em Toledo.

1577   Em 2 de julho, começa a escrever sua maior obra, o "Castillo interior" (Castelo interior). Padre Jerónimo Gracián estimulou-a a essa realização. Em julho vai novamente a Ávila, para subordinar seu Mosteiro São José à Ordem, o qual, até esta data, se encontrava sob a subordinação do Bispo. Concluiu o "Castelo interior" em 29 de novembro.

João da Cruz é raptado em Ávila na madrugada de 3 para 4 de dezembro pelas monjas "calçadas", que estavam indignadas com a reforma, levado secretamente a Toledo e encarcerado na prisão do mosteiro.

Em 24 de dezembro, Teresa cai da escada e fratura o braço esquerdo.

1578   Em agosto, João da Cruz escapa da prisão numa fuga dramática. O Núncio papal F. Sega, inimigo da reforma, subordina as "descalças" novamente às "calçadas". Padre Gracián é encerrado no seminário das "descalças" em Alcalá de Henares. A reforma parece haver fracassado.

1579   Teresa envia seu "Caminho de perfeição" para o prelo em Évora (Portugal). Entretanto, a impressão só se realiza depois de sua morte.

1580	A situação muda. Um Breve emitido pelo Papa em 22 de junho autoriza a instituição de uma Ordem provincial exclusiva para as "descalças".
1581	No capítulo das "descalças" em Alcalá, Gracián é eleito provincial em 3 de março. Teresa vê, feliz, seu sucesso ainda em vida.
1582	Parte em 2 de janeiro para Burgos, local de sua última fundação, chegando ali em 26 de janeiro. Com muita dificuldade, funda o mosteiro em 19 de abril. Em 23 de maio, o rio Arlanzón transborda e inunda a casa. Em 26/27 de julho, Teresa deixa Burgos. Passando por Palencia, Valladolid e Medina, seu caminho a conduz a Alba de Tormes, onde a santa, exausta e gravemente enferma de câncer, morre na madrugada de 4 para 5 de outubro.
1588	Primeira edição das obras, feita por Frei Luis de León.
1614	Beatificação.
1617	Nomeada padroeira da Espanha.
1622	Canonização.
1965	Padroeira dos escritores espanhóis.
1970	Nomeada Doutora da Igreja.

Os Mosteiros fundados por Teresa d'Ávila

Monjas:

1562 Ávila
1567 Medina del Campo
1568 Valladolid
1568 Malagón
1569 Toledo
1569 Pastrana
1570 Salamanca
1571 Alba de Tormes
1574 Segovia
1575 Beas de Segura
1575 Sevilha
1576 Caravaca (delegado a Ana de San Alberto)
1580 Villanueva de la Jara
1580 Palencia
1581 Soria
1582 Granada (delegado a Ana de Jesús)
1582 Burgos

Monges:

1568 Duruelo
1569 Pastrana

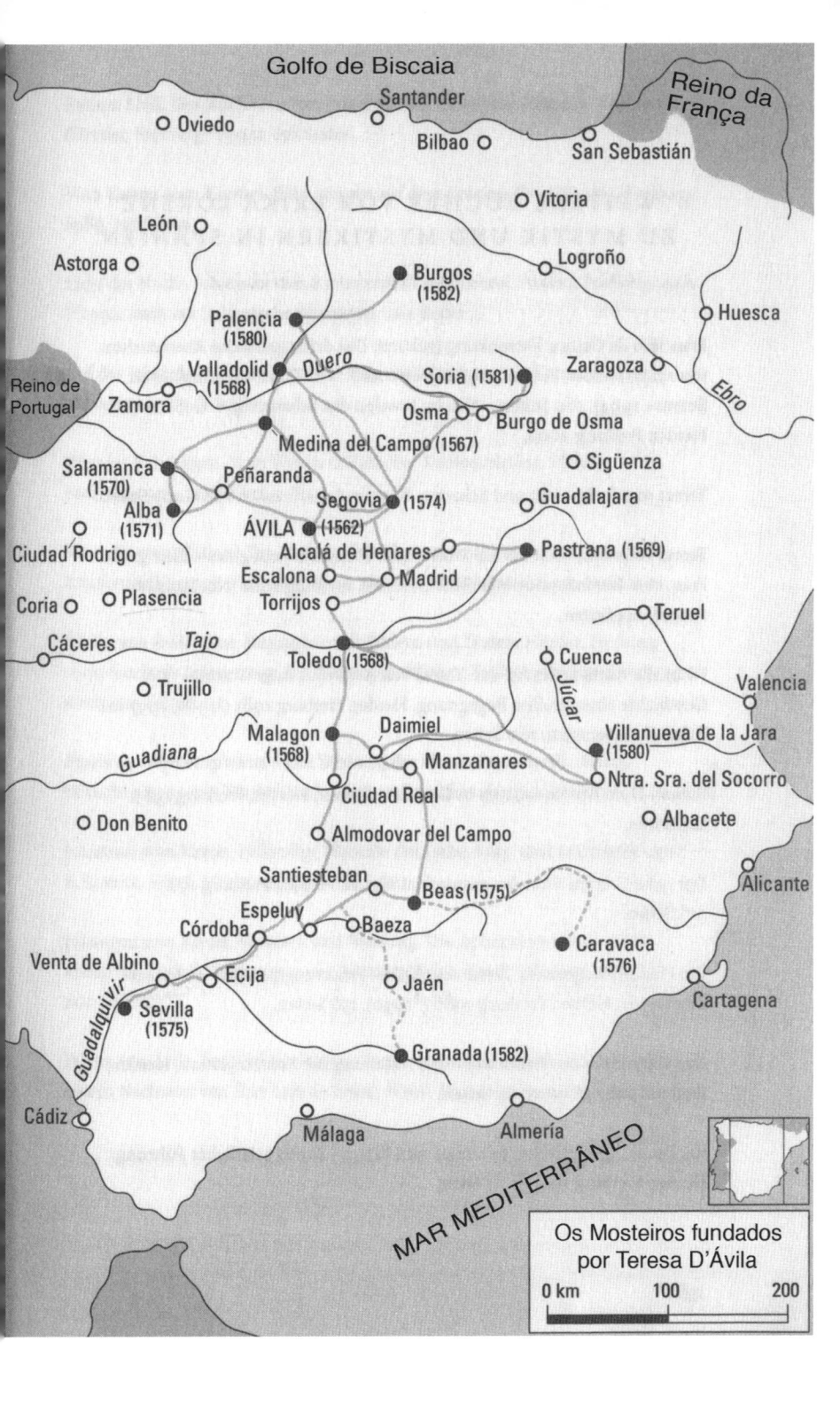

Os Mosteiros fundados por Teresa D'Ávila

- Burgos (1582)
- Palencia (1580)
- Valladolid (1568)
- Soria (1581)
- Medina del Campo (1567)
- Salamanca (1570)
- Alba (1571)
- Segovia (1574)
- ÁVILA (1562)
- Pastrana (1569)
- Toledo (1568)
- Malagon (1568)
- Villanueva de la Jara (1580)
- Beas (1575)
- Caravaca (1576)
- Sevilla (1575)
- Granada (1582)

OUTRAS OBRAS DE ERIKA LORENZ SOBRE A MÍSTICA E OS MÍSTICOS NA ESPANHA

Francisco de Osuna, Imersão (reduzido: *O terceiro Abecedário Espiritual* de 1527), Herder, Freiburg 1982 (3ª ed. amp.:"ABC da oração contemplativa", 1994), 160p. — Nova edição in: *Jóias da vida*, editado por G. Sartory, Herder, Freiburg 2002.

Teresa D´Ávila, Luz e Sombra, Novalis, Schaffhausen 1982, 207p.

Teresa D´Ávila. "Eu sou uma mulher — e além disso não sou uma boa mulher". Uma grande mulher, uma mística fascinante, Herder, Freiburg 1982 (nova edição ⁴2001), 143p.

O que nem todas as monjas têm permissão para fazer. Teresa D'Ávila e Padre Gracián — a história de um grande encontro. Herder, Freiburg 1983 (³1988; traduzido para o polonês em 1997), 160p.

Ramon Llull, A arte de se apaixonar por Deus. Herder, Freiburg 1985, 125p.

O Deus próximo na interpretação da mística espanhola, Herder, Freiburg 1985, 216p.

Uma vereda no descaminho. Teresa D'Ávila — Relatos de sua experiência e biografia interna, Herder, Freiburg 1986 (²1990), 158p.

O Pai-nosso de Teresa D'Ávila. Método de contemplação, Herder, Freiburg 1987, 156p.

Escrito na escuridão. João da Cruz — cartas de orientação espiritual, Herder, Freiburg 1987, 156p.

Ramon Llull, o livro dos amigos e dos amantes. Artemis, Zurique 1988 (Herder, Freiburg ²1992), 156p.

Do carma ao carmelo. Experiências no caminho interior, Herder, Freiburg 1989, 155p.

Luz da noite. João da Cruz conta sua vida, Herder, Freiburg 1990 (²1992; também traduzido para o italiano), 262p.

Na escada de Jacó. O caminho místico de João da Cruz, Herder, Freiburg 1991, 141p.

Palavra no silêncio. Da essência da contemplação cristã, Herder, Freiburg 1993, 221p.

Para que serve a contemplação? A resposta de João da Cruz, Academia Católica (palestra). Hamburg 1993, Akademiebibliothek v. 10, 24p.

Teresa D'Ávila. Uma biografia com ilustrações e textos, Herder, Freiburg 1994 (também como edição autorizada na Companhia de livros Científicos de Darmstadt), 112p.

Prática da contemplação — a diretriz da mística clássica, Kösel, Munique 1994 (como edição de bolso: Fischer, Frankfurt 1997), 118p.

João da Cruz, Chama viva do amor. Os aforismos e outros textos concisos em prosa (com comentários sob a perspectiva atual). Kösel, Munique 1997, 200p.

Teresa D'Ávila, Chamariz do pastor. Teresa D'Ávila conta sua vida (com um posfácio de Frei Luis de León), Kösel, Munique 1999, 236p.

Este livro foi composto com as famílias tipográficas Bembo e Shelley e impresso em papel offset 75g/m² pela **Gráfica Santuário**.